Peter Burk, Günther Weizenhöfer
**Bauen und Umbauen mit dem Architekten –
Von der Planung bis zur Fertigstellung**

Peter Burk, Günther Weizenhöfer

Bauen und Umbauen mit dem Architekten –
Von der Planung bis zur Fertigstellung

2., aktualisierte Auflage

Fraunhofer IRB Verlag

Bibliografische Information der Deutschen Nationalbibliothek

Die Deutsche Nationalbibliothek verzeichnet diese Publikation in der Deutschen Nationalbibliografie; detaillierte bibliografische Daten sind im Internet über http://dnb.d-nb.de abrufbar.
ISBN: 978-3-8167-8538-5

Herstellung: Dietmar Zimmermann
Layout: Dietmar Zimmermann
Umschlaggestaltung: Martin Kjer
Satz: Mediendesign Späth GmbH, Birenbach
Druck: Druckerei & Verlag Steinmeier GmbH & Co. KG, Deiningen
Für den Druck des Buches wurde chlor- und säurefreies Papier verwendet.

Alle Rechte vorbehalten
Dieses Werk ist einschließlich aller seiner Teile urheberrechtlich geschützt. Jede Verwertung, die über die engen Grenzen des Urheberrechtsgesetzes hinausgeht, ist ohne schriftliche Zustimmung des Fraunhofer IRB Verlages unzulässig und strafbar. Dies gilt insbesondere für Vervielfältigungen, Übersetzungen, Mikroverfilmungen sowie die Speicherung in elektronischen Systemen.
Die Wiedergabe von Warenbezeichnungen und Handelsnamen in diesem Buch berechtigt nicht zu der Annahme, dass solche Bezeichnungen im Sinne der Warenzeichen- und Markenschutz-Gesetzgebung als frei zu betrachten wären und deshalb von jedermann benutzt werden dürften.
Sollte in diesem Werk direkt oder indirekt auf Gesetze, Vorschriften oder Richtlinien (z. B. DIN, VDI, VDE) Bezug genommen oder aus ihnen zitiert werden, kann der Verlag keine Gewähr für Richtigkeit, Vollständigkeit oder Aktualität übernehmen. Es empfiehlt sich, gegebenenfalls für die eigenen Arbeiten die vollständigen Vorschriften oder Richtlinien in der jeweils gültigen Fassung hinzuzuziehen.

© by Fraunhofer IRB Verlag, 2012
Fraunhofer-Informationszentrum
Raum und Bau IRB
Nobelstraße 12, 70569 Stuttgart
Telefon (0711) 9 70-25 00
Telefax (0711) 9 70-25 08
E-Mail: irb@irb.fraunhofer.de
http://www.baufachinformation.de

Einführung

Liebe Leserin,
lieber Leser,

das vorliegende Buch befasst sich mit der Thematik des Planens und Bauens sowie Umbauens mit dem freien Architekten.

Dieser Weg, zu Wohneigentum zu gelangen oder es umzugestalten, kann für Sie dann interessant sein, wenn Sie individuell bauen wollen (z. B. weil Sie für Ihr Haus einen ganz individuellen Zuschnitt wünschen) oder auch, wenn Sie individuell bauen müssen (z. B. weil Sie nur über ein ganz speziell zugeschnittenes Grundstück verfügen). Das Bauen mit dem freien Architekten kann für Sie auch interessant sein, wenn Sie ein bestehendes Haus z. B. individuell an- oder auch umbauen möchten.

Im vorliegenden Buch erfahren Sie, wie Architekten arbeiten, wie Sie einen geeigneten Architekten finden, was er kostet, was ein Architektenvertrag beinhalten sollte, welche Leistungen der Architekt für Sie erbringt, wie ein Bauwerk abgenommen wird, welche Gewährleistungen Ihr Architekt Ihnen einräumt und wofür er haftet.

Sie erfahren ferner, worauf Sie als Bauherr achten müssen: von der Vertragsgestaltung mit den Handwerkern bis zur Bauversicherung und Kostenkontrolle, von der Mängeldokumentation bis zur Abnahme und Gewährleistung der Handwerkerarbeiten. Darüber hinaus gibt Ihnen das Buch einen generellen, fotodokumentarischen Überblick über den gesamten Bauablauf.

Wenn in diesem Buch vom Bauen mit dem Architekten gesprochen wird, sind natürlich ausdrücklich **Architektinnen** und **Architekten** gemeint. Nur aus Gründen der Lesbarkeit des Textes wird der Architekt als Oberbegriff für weibliche und männliche Architekten verwendet.

Wir wünschen Ihnen für Ihre Überlegungen zum Hausbau oder Umbau viel Nutzen und Hilfe durch dieses Buch.

Inhaltsverzeichnis

Einführung 5

1	Das Grundstück	9
1.1	Die Grundstücksuche für ein Neubauvorhaben	9
1.2	Die Bebaubarkeit des Grundstücks	13
1.2.1	Vorgaben aus dem Bebauungsplan	14
1.2.2	Vorgaben aus dem § 34 Baugesetzbuch (BauGB)	19
2	Der Architekt und die Fachingenieure	20
2.1	Die Architektensuche	20
2.2	Weitere Fachleute im Planungs- und Bauprozess	23
2.2.1	Statiker	24
2.2.2	Vermessungsingenieur	25
2.2.3	Haustechnikingenieur	26
2.2.4	Geologe	26
2.2.5	Staatlich anerkannter Sachverständiger für Schall- und Wärmeschutz	27
2.2.6	Innenarchitekt	27
2.2.7	Umweltingenieur	27
3	Der Architektenvertrag	28
3.1	Die Honorarordnung für Architekten und Ingenieure (HOAI)	28
3.1.1	Die Leistungsphasen des Architekten	28
3.1.2	Die Ermittlung des Honorars	36
3.2	Besonderheiten bei Umbauten und Modernisierungen	38
3.3	Die Vertragsgestaltung	39
3.4	Präventive Prüfung von Verträgen durch einen Anwalt	42
3.5	Die Kündigung des Architektenvertrags	43
3.6	Die Haftung des Architekten	43
4	Von der Grundlagenermittlung zur Baugenehmigung bei Neubauvorhaben	46
4.1	Ermittlung des Raumbedarfs	46
4.2	Die Baubeschreibung	48
4.2.1	Die Baustoffe des Hauses	48
4.2.2	Die Haustechnik	52
4.2.3	Aufbau einer Baubeschreibung	58
4.3	Kostenermittlung und Kostenkontrolle	64
4.4	Terminplanung	73
4.5	Die Baueingabe	78

4.5.1	Antrag auf Vorbescheid	78
4.5.2	Inanspruchnahme der Genehmigungsfreistellung	79
4.5.3	Das vereinfachte Genehmigungsverfahren	79
4.5.4	Die Unterlagen zum Bauantrag	80
5	Ausführungsplanung, Ausschreibung und Auftragsvergabe bei Neubauvorhaben	82
5.1	Die Ausführungsplanung	82
5.2	Die Ausschreibungsunterlagen	87
5.3	Die Auswahl von Handwerksunternehmen	94
5.4	Die Prüfung der eingehenden Angebote	95
5.5	Die Auftragsvergabe an Handwerksunternehmen	96
5.5.1	Rechtliche Grundlagen der Zusammenarbeit	96
5.5.2	Werkvertragsrecht nach BGB und VOB	97
5.5.3	Einheitspreisvertrag und Pauschalpreisvertrag	97
6	Besonderheiten bei der Vorbereitung und Planung von Umbauten, Anbauten, Ausbauten und Modernisierungen	101
6.1	Begriffsdefinitionen	101
6.2	Rechtliche Voraussetzungen	102
6.3	Gebäudeuntersuchung	102
6.4	Planung	103
6.5	Kostenermittlung	105
6.6	Terminplanung	106
6.7	Baueingabe und besondere behördliche Anträge	107
7	Die Bauphase	108
7.1	Die Aufgaben des Bauleiters	108
7.2	Sicherheits- und Gesundheitsschutz auf der Baustelle	112
7.2.1	Absicherung der Baustelle nach außen	112
7.2.2	Arbeitsschutz auf der Baustelle	113
7.2.3	Umgang mit Gefahrstoffen auf der Baustelle	116
7.2.4	Ausarbeiten einer Baustellenordnung	117
7.3	Versicherungen während der Bauzeit	119
7.4	Die Dokumentation des Bauablaufs	121
7.5	Darauf sollten Sie auf der Baustelle achten	126
7.6	Der Bauablauf im Überblick	128
7.7	Mängel während der Bauphase	142
7.8	Rechnungsprüfung von Abschlagszahlungen	144
7.9	Kostensteuerung in der Bauphase	146

8	Fertigstellung, Abnahme und Schlussrechnung des Unternehmers	151
8.1	Mitteilung der Fertigstellung und Abnahmeverlangen des Handwerkers	151
8.2	Bedeutung der Abnahme und Abnahmeformen	152
8.3	Durchführung der Abnahme	152
8.4	Die Schlussrechnung des Unternehmers	154
9	Die Gewährleistung	157
9.1	Dauer der Gewährleistungszeit	157
9.2	Rechtliche Ansprüche während der Gewährleistungszeit	158
9.3	Formal korrektes Vorgehen bei einem Mangel innerhalb der Gewährleistungszeit	158
9.4	Mögliche Gewährleistungsansprüche außerhalb der Gewährleistungszeit	160
9.5	Die Leistungen des Architekten innerhalb der Gewährleistungszeit	160
9.6	Gewährleistungsansprüche gegenüber dem Architekten	161
10	Die Honorarrechnungen des Architekten und der Fachingenieure	163
10.1	Honorar-Teilrechnungen	163
10.2	Honorar-Schlussrechnungen	164

Zum Schluss 168

Stichwortverzeichnis 169

Anhang 173

1 Das Grundstück

Ein geeignetes Grundstück zu finden, auf dem sich Ihr gewünschtes Bauvorhaben realisieren lässt, ist häufig die erste große Hürde auf dem Weg zum eigenen Haus, denn neben der Lage und der vorhandenen Infrastruktur müssen eine Vielzahl weiterer Punkte stimmen. Das Kapitel 1.1 informiert Sie darüber, worauf Sie bei der Grundstücksuche und Auswahl noch achten sollten.

Neben den in Kapitel 1.1 benannten Kriterien ist auch die Bebaubarkeit des Grundstücks kaufentscheidend, über die der so genannte Bebauungsplan informiert. Wie Sie einen Bebauungsplan lesen und welche Kriterien gelten, wenn kein Bebauungsplan existiert, erfahren Sie im Kapitel 1.2. Wenn Sie ein Neubauvorhaben planen und bereits im Besitz eines Grundstücks sind, gehört die Prüfung der zulässigen Bebaubarkeit zu den ersten vorbereitenden Schritten.

Auch ein Umbauvorhaben kann von den zulässigen Bebauungsmöglichkeiten des Grundstücks abhängen, sobald Sie gravierende Änderungen am Gebäudekörper vornehmen möchten, wie z. B. den Anbau eines Wintergartens oder die Erweiterung des Dachraums mittels aufgesetzter Dachgauben. Auch hier sollten zunächst Informationen zum Bebauungsplan eingeholt werden.

1.1 Die Grundstücksuche für ein Neubauvorhaben

Vor allem in Ballungsräumen ist es in den letzten Jahren zunehmend schwieriger geworden, ein geeignetes Grundstück zu finden. Die Zahl der verfügbaren Grundstücke wird immer kleiner, was zu erheblichen Preissteigerungen geführt hat. Wird ein Grundstück angeboten, kann man davon ausgehen, dass es immer einige Mitbewerber gibt. Wer genau weiß, was er will und sich schnell entscheiden kann, hat dann natürlich einen Vorteil.

Von den Anzeigen in der lokalen Zeitung über Maklerangebote bis hin zur Internetrecherche lassen sich Grundstücke auf die verschiedensten Arten suchen und finden. Auch bei der Kommune, Ihrer Sparkasse oder Bank können Sie sich über den gegenwärtigen Stand von zu veräußernden Grundstücken oder Lokalitäten von Neubaugebieten informieren.

Abb. 1:
Grundstücksangebote in einer Regionalzeitung

Sehr hilfreich ist es, wenn Sie strukturiert vorgehen und sich zunächst einmal selber Rahmendaten setzen. Dies betrifft z. B. den Quadratmeterpreis, den Sie in Ihrer Region zu zahlen bereit sind, die infrastrukturelle Eingebundenheit des Grundstücks (soll es eher städtisch oder eher im Umland liegen, ist eine Anbindung an den öffentlichen Nahverkehr wichtig, an Schulen, Krankenhäuser, Einkaufsmöglichkeiten, Kultur- und Sporteinrichtungen) und schließlich sollte das infrage kommende Grundstück Möglichkeiten einer für Sie passenden Bebauung zulassen. Ein Wohnzimmer nach Norden mit erzwungenem Blick auf eine große Straße wird nicht unbedingt eine ideale Lösung für Ihr neues Heim sein.

Wichtig ist also, dass Sie mit klaren Vorstellungen an Ihre Grundstückssuche gehen. Der erforderliche Raumbedarf Ihres zukünftigen Hauses sollte Ihnen in etwa ebenso klar sein wie die Wunschlage.

Abb. 2:
Eine vormittags ruhige Straße mit vielen Stellplatzmöglichkeiten ...

Abb. 3:
... kann nachmittags ganz anders aussehen.

Für die Grundstückssuche brauchen Sie den Architekten noch nicht, wenn Sie sich über grundlegende Planungszusammenhänge im Klaren sind. In der Regel liegen die Räume, die nicht als ständige, reine Wohnräume genutzt werden, entweder Richtung Norden oder Osten, haben damit also gar keine direkte Sonne oder nur Morgensonne, wohingegen reine Wohnräume zumeist nach Süden oder Westen orientiert sind, und damit die Mittags- oder Nachmittagssonne nutzen.

Wenn Sie einen Kompass bei der Grundstücksbegutachtung dabei haben, können Sie also sehr schnell feststellen, in welcher Weise Ihr

Checkliste Grundstückssuche:

Was bei der Beurteilung eines Grundstück von Bedeutung sein kann:

Fragen zum Grundstück:

Stimmt die angegebene Grundstücksgröße?

☐ Sind Strom-, Gas-/Fernwärme-, Wasser- und Kanalanschlüsse vorhanden?

☐ Gibt es einen Bebauungsplan oder gilt der §34 des Baugesetzbuchs (siehe Kapitel 1.2)?

☐ In welcher Himmelsrichtung können Garten und Hauszugang liegen?

☐ Wie tief unterhalb des Geländes liegt der Grundwasserspiegel?

☐ Wie tragfähig ist der Baugrund?

☐ Sind Geländesetzungen oder Ausgasungen durch früheren Bergbau zu befürchten?

☐ Ist der Bau eines Kellers möglich?

☐ Ist der Abriss eventuell bestehender Gebäude möglich?

☐ Behindern geschützte Bäume eine Bebauung des Grundstücks?

☐ Lässt die vorherige Nutzung des Grundstücks auf Altlasten im Boden schließen?

Fragen zum Umfeld:

☐ Welchen Ruf oder Charakter hat der Ortsteil?

☐ Gibt es eine intakte Nahversorgung (Bäcker, Lebensmittel, Krankenhaus, Kindergarten, Schule etc.)?

☐ Welche regionalen Planungen werden eventuell in Zukunft umgesetzt (Straßen, Gewerbegebiete, Flughäfen etc.)?

☐ Gibt es starke Geruchsbelästigungen in der Nähe (Raffinerien, Brauereinen, Kläranlagen, Mülldeponien)?

☐ Sind künftige Nachbarbebauungen möglich, die Ihre Kaufentscheidung beeinflussen könnten (Mehrgeschossige Bebauung, Schule, Kindergarten, Gewerbebauten)?

☐ Können derzeit schöne Ausblicke (Kirche, Landschaft etc.) hinter zukünftiger Nachbarbebauung verschwinden?

☐ Wie ist Ihr Eindruck von den Nachbarn?

Grundstück nutzbar sein könnte. Neben der Himmelsausrichtung spielt auch die Topografie eine entscheidende Rolle. Hanggrundstücke sind immer schwieriger zu beplanen und zu bebauen als ebene Grundstücke, können aber natürlich durchaus auch reizvoller sein, weil Teile des Kellers im Freien sind und daher gut belichtet und als Wohnbereich genutzt werden können.

Wichtig beim Grundstückskauf ist neben den Himmelsausrichtungen und der Topografie aber insbesondere die mögliche Bebaubarkeit des Grundstücks. Der Traum von einem mehrgeschossigen Haus kann schnell zerplatzen, wenn z. B. ausschließlich eingeschossige Bungalowbauweise zugelassen ist. Das Beispiel eines Bebauungsplanes und wie man ihn liest, finden Sie im Kapitel 1.2 dieses Buches.

Genauso wichtig sind bei der Grundstückssuche mindestens zwei weitere Dinge: Zum einen die vorherige Nutzung des Grundstücks, zum anderen die geplante Entwicklung des räumlichen Umfelds.

Holen Sie unabhängige Informationen ein, ob auf dem Grundstück, das Sie möglicherweise erwerben wollen, ursprünglich eventuell eine andere Nutzung stattgefunden hat. Finden Sie heraus, ob es durch diese Nutzung, z. B. durch eine Tankstelle, eine Kaserne, einen Flugplatz, ein Industrielager möglicherweise Bodenverseuchungen gab. Die Umweltämter der Kommunen oder Landratsämter können hier üblicherweise Auskunft geben. Das Übersehen einer solchen Information kann Sie später bei einer erforderlichen Altlastenentsorgung teuer zu stehen kommen.

Gleiches gilt für die Entwicklung des räumlichen Umfelds Ihres Grundstücks. Holen Sie sich z. B. beim Planungsamt ihrer Stadt oder Kommune Informationen ein, ob in näherer Zukunft Umgehungsstraßen, Gewerbegebiete oder Ähnliches geplant sind. Auch solcherlei kann den Wert Ihres Grundstücks sehr rasch drastisch mindern.

Tipp:

Sehen Sie sich das Grundstück zu verschiedenen Tageszeiten an. Eine mittags ruhige Straße kann sich beispielsweise in den frühen Abendstunden zum Träger einer Verkehrslawine entwickeln. Sprechen Sie auch Grundstücksnachbarn oder umliegende Bewohner an. Hier können Sie offene und objektive Auskünfte zur Wohnlage erhalten.

1.2 Die Bebaubarkeit des Grundstücks

Hinsichtlich der möglichen Bebauung des Grundstücks können Sie auf zwei unterschiedliche Regelungen treffen:

- Vorgaben eines Bebauungsplans (siehe Kapitel 1.2.1)
- Vorgaben aus dem § 34 des Baugesetzbuchs (siehe Kapitel 1.2.2).

Beide Regelungen werden nachfolgend erläutert. Sie betreffen sowohl Neubauvorhaben als auch Umbauvorhaben, wenn Änderungen an der Gebäudehülle oder der Nutzung vorgesehen sind.

1.2.1 Vorgaben aus dem Bebauungsplan

Der Bebauungsplan wird in der Regel vom Gemeinde- bzw. Stadtrat als Satzung beschlossen und ist die Rechtsgrundlage für jedes Bauvorhaben des betreffenden Gebietes. Er gibt Auskunft darüber, was auf dem Grundstück gebaut werden darf, in welcher Form, in welcher Höhe, bis an welche Grenzen etc. Beim Suchen nach geeigneten Grundstücken für Ihr Bauvorhaben ist es daher wichtig, dass Sie sich parallel auch die jeweiligen Bebauungspläne ansehen. Ein Bebauungsplan hat einen zeichnerischen Teil und einen schriftlichen Teil mit Erläuterungen. Er ist beim Planungsamt einsehbar und kann auch in Kopie mitgenommen werden. Wichtig ist, dass Sie den aktuellen Stand des Bebauungsplans vorliegen haben, also auch alle eventuellen Nachträge kennen.

Der Bebauungsplan hält für Sie insbesondere die folgenden, hinsichtlich der möglichen Bebauung wichtigen Informationen fest:

- Grundflächenzahl (GRZ)
- Geschossflächenzahl (GFZ)
- mögliche Anzahl an Vollgeschossen
- Dachneigung (DN)
- Dachform (z. B. Satteldach SD)
- Traufhöhe (TH)
- Firsthöhe (FH)
- Firstrichtung
- Baugrenzen und Baulinien
- Regelungen zu Dachgauben und Dacheinschnitten
- Materialvorgaben für die Außenhülle
- Vorgaben zur Regenentwässerung
- Lage und Anzahl von Stellplätzen.

Die Grundflächenzahl (GRZ)

Die Grundflächenzahl sagt aus, welchen Anteil die Grundfläche des überbauten Grundstücksteils im Verhältnis zum Gesamtgrundstück haben darf. *Beispiel:* Die GRZ eines 300 m^2 großen Grundstücks beträgt 0,4. Das bedeutet, dass maximal 120 m^2 des Grundstücks überbaut werden dürfen.

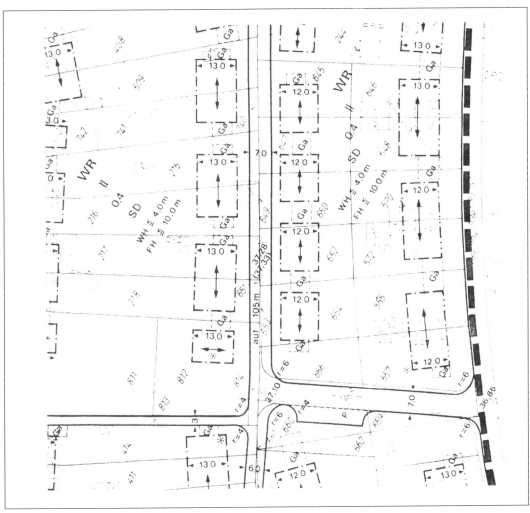

Abb. 4:
Bebauungsplan eines
Wohngebiets

Die Geschossflächenzahl (GFZ)

Die Geschossflächenzahl benennt die Summe der Grundflächen aller Geschosse im Verhältnis zur Grundstücksfläche. *Beispiel:* Die GFZ eines 300 m² großen Grundstücks ist mit 0,8 angegeben. Das bedeutet, dass die Summe aller Vollgeschosse zusammen eine Fläche von maximal 240 m² aufweisen darf. Die Angabe der Geschossflächenzahl erfolgt als Höchstmaß oder als Mindest- und Höchstmaß.

Die mögliche Zahl der Vollgeschosse

Sie gibt Auskunft darüber, wie viele Vollgeschosse Ihr Haus haben darf und ist als römische Zahl direkt auf dem Grundstück eingetragen. Sie kann als Höchstmaß, als Mindest- und Höchstmaß oder als verbindliche Größe vorgegeben werden. Zwingend vorgeschrieben ist die Zahl der

Vollgeschosse, wenn die Zahl in einem Kreis dargestellt wird. *Beispiel:* Sie sehen eine römische Eins (I) im Kreis. Dies heißt, dass Ihr Haus nur ein Vollgeschoss haben darf. Soll das geplante Haus ein Erdgeschoss und ein Dachgeschoss haben, darf die Grundfläche dieses Dachgeschosses nicht mehr unter die Definition Vollgeschoss fallen. Diese ist nach den unterschiedlichen Landesbauordnungen in der Bundesrepublik Deutschland unterschiedlich geregelt.

Dachneigung (DN)

DN ist eine gebräuchliche Abkürzung für die vorgeschriebene Dachneigung und wird als feste Größe oder Variationsbreite angegeben. *Beispiel:* Sie lesen DN 30, dann heißt dies, dass Ihr Dach eine vorgeschriebene Dachneigung von 30° haben muss. DN 30 – 45 bedeutet, dass die Dachneigung zwischen 30° und 45° liegen muss.

Dachform (z. B. SD)

Meist wird die Dachform in Bebauungsplänen vorgegeben. Es kann z. B. eine Flachdachbebauung vorgeschrieben sein, eine Bebauung mit Pultdächern oder mit Satteldächern. SD ist beispielsweise eine gebräuchliche Bezeichnung für die Dachform als Satteldach, PD eine Bezeichnung für Pultdach. *Beispiel:* Sie lesen SD 30°, dann heißt dies, dass Ihr Dach ein Satteldach mit einer vorgeschriebenen Dachneigung von 30° sein muss.

Traufhöhe (TH)

Bei der Traufe handelt es sich um den geometrischen Schnittpunkt von Dachfläche und aufsteigender Wandfläche. Sie wird als Höchstmaß, Mindest- und Höchstmaß oder zwingende Größe vorgeschrieben. Die Traufhöhe ist eine Maßangabe in Metern und hat als Bezugshöhe häufig das an das Grundstück angrenzende Straßenniveau oder die Erdgeschoss-Fußbodenhöhe.

Firsthöhe (FH)

Am First treffen beide Dachflächen aufeinander. Die Firsthöhe ist eine Maßangabe in Metern und hat als Bezugshöhe häufig, wie bei der Traufhöhe, das an das Grundstück angrenzende Straßenniveau oder die Erdgeschoss-Fußbodenhöhe. Sie wird als Höchstmaß, Mindest- und Höchstmaß oder zwingende Größe vorgeschrieben.

Firstrichtung

Die Firstrichtung beschreibt die vorgeschriebene Laufrichtung der Hauptfirstlinie Ihres Hauses, d. h., ob der Dachfirst Ihres Hauses beispielsweise parallel zur Straße verlaufen muss oder auf diese Straße zu. Dies wird zunächst oft gerne übersehen, hat aber gewichtige Auswirkungen z. B. auf die Belichtung Ihres Dachgeschosses.

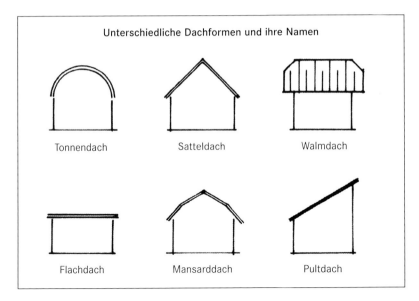

Abb. 5: Dachformen

Baugrenzen und Baulinien

Baugrenzen und Baulinien definieren das so genannte Baufenster. Dadurch wird auch die Position des Gebäudes auf dem Grundstück bestimmt. Innerhalb dieses Baufensters kann das Gebäude geplant werden. Baugrenzen erlauben eine Positionierung innerhalb des Baufensters bis zur Baugrenze. Baulinien hingegen schreiben eine verbindliche Platzierung einer Gebäudefront auf einer bestimmten Linie vor. *Beispiel:* Eine Baugrenze im Abstand von fünf Metern zur Grundstücksgrenze bedeutet, dass das Gebäude einen Mindestabstand von fünf Metern einhalten muss, aber auch z. B. sechs Meter von der Grundstücksgrenze entfernt stehen kann. Eine Baulinie im Abstand von fünf Metern zur Grundstücksgrenze bedeutet, dass das Gebäude genau fünf Meter von der Grundstücksgrenze entfernt sein muss.

Regelungen zu Dachgauben und Dacheinschnitten

Bebauungspläne können Dachgauben bei Gebäuden ausschließen, in ihrer Breite begrenzen oder eine bestimmte Form vorgeben. *Beispiel:* In einem Bebauungsplan könnte stehen: „Dachgauben sind nur auf der Straßenseite zulässig. Die Breite darf maximal $\frac{1}{4}$ der Gebäudebreite betragen." Beträgt die Gebäudebreite an der Straße 12 m, darf das Außenmaß der Dachgaube maximal 3 m betragen.

Materialvorgaben für die Außenhülle

In Bebauungsplänen werden häufig Vorgaben gemacht, welche Materialien für die Außenflächen verwendet werden dürfen. So kann es z. B. sein, dass Außenwände grundsätzlich verputzt werden müssen oder Holzverschalungen oder Verblendmauerwerk unzulässig sind.

Vorgaben zur Regenentwässerung

Bebauungspläne können regeln, auf welche Weise das Regenwasser abgeführt werden soll, beispielsweise eine Versickerung auf dem Grundstück oder eine Entwässerung in den Regenwasserkanal. Diese Vorgaben können wahlweise oder verbindlich sein.

Lage und Anzahl von Stellplätzen

In Bebauungsplänen werden häufig auch Flächen für Stellplätze oder Garagen vorgegeben. Auch das kann Ihre Planung unter Umständen einschränken.

Unabhängig von den Vorgaben aus dem Bebauungsplan können zwei weitere Aspekte die zulässige Bebaubarkeit einschränken:

- Baulasten auf dem Grundstück
- geschützter Baumbestand.

Baulasten auf dem Grundstück

Eine im Grundbuch eingetragene Baulast bedeutet, dass einer der früheren Eigentümer des Grundstücks beispielsweise dem Nachbarn gestattet hat, mit seinem Bauvorhaben weiter an die Grundstücksgrenze zu gehen, als eigentlich erlaubt. Hierfür hat der frühere Eigentümer eventuell eine Ausgleichszahlung etc. erhalten. Er musste im Gegenzug aber die von der Kommune geforderte Abstandsfläche zwischen beiden Häusern komplett auf seinem Grundstück unterbringen. Das bedeutet für Sie, dass Sie nicht mehr völlig frei gemäß Bebauungsplan über das Grundstück verfügen können. Eine weitere häufige Form einer Baulast ist ein so genanntes Wegerecht auf dem Grundstück. Hier hat der Vorbesitzer z. B. einem Nachbarn eingeräumt, das Grundstück zu befahren, um auf sein eigenes zu kommen. Der Wert des Grundstücks kann sich dadurch erheblich verringern. Achten Sie daher darauf, dass Sie vor Kauf eines Grundstücks das Grundbuch dahingehend überprüfen.

Geschützter Baumbestand

Informieren Sie sich auch unbedingt über den vorhandenen Baumbestand auf dem Grundstück und in welcher Weise dieser möglicherweise geschützt ist. Wenn der Stammdurchmesser eine bestimmte Größe überschritten hat, darf ein solcher Baum z. B. nicht mehr gefällt werden. Außerdem muss dann in der Regel zu diesem Baum ein bestimmter Abstand eingehalten werden, um dessen Wurzeln zu schützen. Baumfällungen müssen in der Regel beantragt werden. Außerdem werden beim Fällen von Bäumen meist Ersatzpflanzungen gefordert.

1.2.2 Vorgaben aus dem § 34 Baugesetzbuch (BauGB)

§ 34 BauGB umschreibt die „Zulässigkeit von Vorhaben innerhalb der im Zusammenhang bebauten Ortsteile", kurz, er kommt überall dort zum Tragen, wo in zur Bebauung zugelassenen Gebieten, z. B. am Rande einer kleinen Gemeinde oder im Zentrum einer Großstadt oder auch in historischen Ensembles von Dörfern etc., gebaut wird und wo aus irgendwelchen Gründen kein Bebauungsplan existiert, z. B. weil dies zu der seinerzeitigen Erschließungszeit noch nicht üblich war. Im § 34 BauGB heißt es wörtlich:

„Innerhalb der im Zusammenhang bebauten Ortsteile ist ein Vorhaben zulässig, wenn es sich nach Art und Maß der baulichen Nutzung, der Bauweise und der Grundstücksfläche, die überbaut werden soll, in die Eigenart der näheren Umgebung einfügt und die Erschließung gesichert ist."

Im Fall einer Entscheidung für ein Grundstück in solcher Lage müssen Sie sich beispielsweise hinsichtlich

- der Anzahl der Geschosse
- der Länge, Breite und Höhe des Baukörpers
- der Dachneigung
- dem Einbau von Dachgauben oder Dachausschnitten (Loggien)
- der Farbgebung und dem Material der Gebäudehülle

an der bereits vorhandenen Umgebung orientieren.

Abb. 6:
Hier werden Sie kaum einen Flachdachbungalow bauen können

2 Der Architekt und die Fachingenieure

Nicht jeder Architekt, der ein Massivhaus planen und bauen kann, kennt die besonderen Erfordernisse bei der Planung und Erstellung von Holzhäusern. Ein Architekt, der im Neubaubereich Erfahrung hat, beherrscht nicht zwangsläufig die Besonderheiten der Bauleitung eines Umbauvorhabens. Bei der Architektenauswahl müssen Sie daher immer Ihr spezielles Bauvorhaben im Blick haben. Das folgende Kapitel 2.1 befasst sich damit, wie Sie den für Ihr Bauvorhaben richtigen Architekten finden. Welche weiteren Fachingenieure bei einem Neubau oder Umbau infrage kommen können, erfahren Sie im Kapitel 2.2.

2.1 Die Architektensuche

Wie finden Sie nun den für Sie „geeigneten" Architekten? Zunächst ist es wichtig, dass Sie vor einer Entscheidung mehrere Architekten kennen lernen und sich ein Bild von deren Arbeit machen. Sie können Architekturbüros kennen lernen, indem Sie diese einfach anschreiben und kurz Ihr Vorhaben vorstellen und um die Benennung von Referenzobjekten ähnlicher Bauweise und ähnlicher Größe bitten. In einem ersten Schritt sollten Sie hierzu zunächst ca. 20 bis 40 Architekturbüros anschreiben.

Eine Möglichkeit zur Auswahl dieser Büros ist das Brachenbuch „Gelbe Seiten" Ihrer Region. Unter der Rubrik „Architekturbüros" werden Sie wahrscheinlich mehrere Seiten mit Adressen von Architekten finden, ohne dass diese jedoch bestimmten Tätigkeitsschwerpunkten zugeordnet sind, wie dies z. B. bei Ärzten oder mittlerweile auch Anwälten der Fall ist. Es lohnt sich daher, vor dem Versenden der Briefe die Büros anzurufen, um kurz abzuklären, ob die Bauaufgabe für das Büro infrage kommt und ob die Adresse noch aktuell ist.
Eine weitere Möglichkeit bei der Architektensuche, ist die Suche nach interessanten Häusern in Ihrer Umgebung. Dies ist aber leider nur selten strukturiert möglich. Falls Sie aber ein solches Haus finden, fragen Sie die Bewohner nach dem Namen des Architekten und wie die Zusammenarbeit war. Auch die Empfehlung von Freunden und Bekannten, die gerade gebaut oder umgebaut haben, kann für Sie interessant sein, wenn das Objekt mit dem von Ihnen geplanten vergleichbar ist.

Haben Sie eine Liste mit ca. 20 bis 40 Architekturbüros zusammengestellt, können Sie nach den folgenden Mustern für Neu- oder Umbau einen Brief aufsetzen und an die Büros schicken. Architekten sind Wettbewerb gewöhnt und für viele Architekten ist diese Art der Ansprache nichts Ungewöhnliches.

Die Architektensuche 2.1

Familie Mustermann
Musterweg 1
12345 Musterstadt

Herrn
Architekten Meier
Meierweg 2
12345 Musterstadt

Musterstadt, den

Betr.: Neubau eines Einfamilienhauses

Sehr geehrter Herr Meier,

wir, Familie Mustermann aus Musterstadt, planen den Neubau eines Einfamilienhauses mit Keller und ausgebautem Dachgeschoss. Wir möchten mit der Planung und Bauleitung dieser Baumaßnahme einen Architekten aus unserer näheren Umgebung beauftragen und möchten daher auch bei Ihnen anfragen, ob Sie bereits entsprechende Neubauten durchgeführt haben.

Wenn ja, würden wir uns über die Zusendung von Referenzobjekten ähnlicher Größe und Ansprechpartnern auf Bauherrenseite freuen, die Sie bei solchen Projekten betreut haben. Wir würden uns nach Durchsicht der Unterlagen und Besichtigung der Referenzobjekte dann nochmals mit Ihnen in Verbindung setzen.

Mit freundlichen Grüßen

Familie Mustermann

Abb. 7:
Musterbrief
Neubauvorhaben

Einen ersten Eindruck erhalten Sie über die Art und Weise, wie die einzelnen Büros auf Ihr Schreiben reagieren. Büros, die Ihnen nicht innerhalb einer angemessenen Zeit antworten, sollten Sie aussortieren.

Nehmen Sie sich dann als nächstes Zeit, um die als Referenz benannten Bauherren anzusprechen. Es kann sehr sinnvoll sein, bei den Bauherren anzurufen und zu fragen, ob man einmal auf einen Termin zu dem Objekt kommen kann. Sie haben dann Zeit und Ruhe, um die

2 Der Architekt und die Fachingenieure

> Familie Mustermann
> Musterweg 1
> 12345 Musterstadt
>
> Herrn
> Architekten Meier
> Meierweg 2
> 12345 Musterstadt
>
> Musterstadt, den
>
> **Betr.: Umbau unseres Einfamilienhauses**
>
> Sehr geehrter Herr Meier,
>
> wir, Familie Mustermann aus Musterstadt, planen einen kleinen Anbau und Innenumbau mit Dachgeschossausbau unseres Einfamilienhauses aus dem Jahr 1974. Wir möchten mit der Planung und Bauleitung dieser Umbaumaßnahme einen Architekten aus unserer näheren Umgebung beauftragen und möchten daher auch bei Ihnen anfragen, ob Sie bereits entsprechende Umbauten durchgeführt haben.
>
> Wenn ja, würden wir uns über die Zusendung von Referenzobjekten ähnlicher Größe und Ansprechpartnern auf Bauherrenseite freuen, die Sie bei solchen Projekten betreut haben. Wir würden uns nach Durchsicht der Unterlagen und Besichtigung der Referenzobjekte dann nochmals mit Ihnen in Verbindung setzen.
>
> Mit freundlichen Grüßen
>
> Familie Mustermann

Abb. 8:
Musterbrief Umbauvorhaben

Immobilie anzusehen und Fragen zu stellen. Wichtig können für Sie folgende Fragen sein:

– Wie war die Zusammenarbeit mit dem Architekten?

– Wurden die Bauherren regelmäßig über den Stand der Arbeiten informiert?

– Entspricht das Ergebnis den Wünschen der Bauherrn? Wenn nein, was würden sie heute anders machen?

– Wurde das Bauvorhaben termingerecht fertiggestellt? Wenn nein, was war der Grund?

– Kam es zu Kostenüberschreitungen? Wenn ja, was war der Grund?

– Gab es Mängel in der Ausführung?

– Gab es andere Probleme?

Der nächste Schritt besteht darin, sich die dann noch infrage kommenden Büros anzusehen. Eine gute Büroausstattung besteht nicht nur aus Fax, Computer und Telefon. Wichtig ist auch aktuelle Fachliteratur. Ein Architekt benötigt Kenntnisse über Bauphysik, Bauausführung und Baurecht. Als Bauleiter muss er in der Lage sein, einen rechtssicheren Schriftverkehr zu führen. Seine Projekte sollten sorgfältig dokumentiert und laufende Projekte gut strukturiert sein. Das Büro selbst sollte einen geordneten Eindruck machen.

Wichtig ist auch, dass durch den betreffenden Architekten nicht zu viele Projekte parallel bearbeitet werden, denn ausreichend Zeit ist für eine gute Bauüberwachung entscheidend, um im Vorfeld Probleme zu vermeiden. Idealerweise sollte ein Architekt Baustellen so betreuen, als wären es die seines eigenen Hauses.

Es kann durchaus sein, dass Sie bei den ersten 20 Anschreiben noch keinen Architekten gefunden haben, bei dem Sie vollumfänglich ein gutes Gefühl haben. Schreiben Sie in diesem Fall einfach nochmals 20 Büros an, und wiederholen Sie die Auswahlprozedur. Haben Sie jedoch mehrere Architekten gefunden, mit denen Sie sich eine Zusammenarbeit vorstellen können, besteht der nächste Schritt darin, sich Vertragsentwürfe zukommen zu lassen.

Der vom Architekten angebotene Vertrag und die angebotene Honorarsumme werden für Sie in aller Regel die abschließenden Auswahlkriterien sein, wenn Sie sich eine Zusammenarbeit mit verschiedenen Büros vorstellen können. Mehr zum Architektenvertrag behandelt das Kapitel 3 dieses Buches. Mehr zum Architektenhonorar erfahren Sie in Kapitel 3.1.2.

2.2 Weitere Fachleute im Planungs- und Bauprozess

Neben dem Architekten benötigen Sie je nach Bauaufgabe weitere Fachingenieure für bestimmte Aufgaben. Für einen Neubau können folgende weitere Arbeiten anfallen:

- eine Berechnung der erforderlichen Wand- und Deckenstärken vom Statiker

- einen Lageplan vom Vermessungsingenieur für das Baugesuch

- eine Planung für Elektro-, Heizungs-, Sanitär- und Lüftungsinstallation vom Haustechnikingenieur bei umfangreicher Haustechnik

- eine Baugrunduntersuchung vom Geologen bei unklaren Bodenverhältnissen
- eine Wärmebedarfsberechnung und einen Schallschutznachweis vom staatlich anerkannten Sachverständigen für Schall- und Wärmeschutz.

Bei einem Umbauvorhaben können außerdem benötigt werden:

- Innenraumplanungen von einem Innenarchitekten
- Messungen und Analysen bei möglichen Schadstoffbelastungen im Innenraum durch einen Umweltingenieur.

Die Tätigkeitsbereiche dieser Fachleute werden im Folgenden kurz vorgestellt.

2.2.1 Statiker

Bei Neubauten muss die Standsicherheit des Gebäudes sichergestellt sein, damit die Baugenehmigung erteilt wird. Die dafür erforderlichen Berechnungen werden vom Statiker ausgeführt. Er bestimmt unter anderem, in welcher Stärke die tragenden Wände gemauert werden müssen und wie dick die Geschossdecken sind. Anhand der Berechnungen fertigt er z. B. für Stahlbetonarbeiten so genannte Positionspläne an, in denen die Lage und Anzahl des erforderlichen Baustahls dargestellt sind. Vor dem Betonieren sollte der Statiker das ordnungsgemäße Ver-

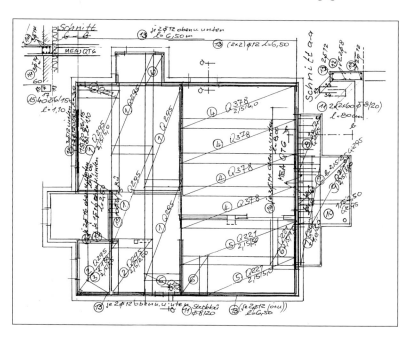

Abb. 9:
Planausschnitt eines Positionsplans

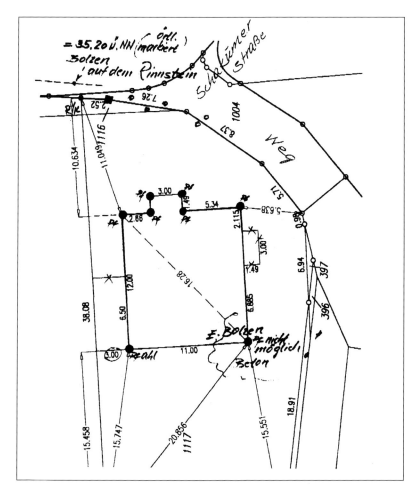

Abb. 10:
Planausschnitt eines Absteckungsprotokolls

legen der Stahlmatten vor Ort kontrollieren. Auch bei Umbauten mit Veränderungen an tragenden Wänden und Decken muss ein Statiker eingeschaltet werden.

2.2.2 Vermessungsingenieur

Damit ein Neubauvorhaben auf dem Grundstück auch genau an der Stelle gebaut wird, an der es vorgesehen ist, wird ein Vermessungsingenieur eingeschaltet. Er fertigt den Lageplan für das Baugesuch an, weist für das Baugesuch nach, dass die erforderlichen Abstandsflächen eingehalten wurden und kennzeichnet vor Ort am Schnurgerüst die genaue Lage des Gebäudes vor Baubeginn. Mittels einer Gebäudeeinmessung bestätigt er der Genehmigungsbehörde nach Fertigstellung des Rohbaus, dass das Gebäude ordnungsgemäß errichtet wurde.

2.2.3 Haustechnikingenieur

Ein Ingenieurbüro für Haustechnik wird häufig dann eingeschaltet, wenn umfangreiche Sanitär-, Heizungs-, Lüftungs- und Elektroinstallationen vorgesehen sind. Zu den Aufgaben gehören die Planung, Ausschreibung und Kontrolle dieser Arbeiten. Die gesamte Haustechnik ist mittlerweile so komplex geworden, dass ein Architekt die erforderlichen Ausschreibungsunterlagen meist nicht mehr erstellen und die korrekte Ausführung nicht mehr kontrollieren kann.

2.2.4 Geologe

Liegt das Grundstück in einer Gegend mit hohem Grundwasserspiegel oder sind Altlasten im Boden zu befürchten, lohnt es sich, im Vorfeld ein Bodengutachten erstellen zu lassen. Die Bodenverhältnisse können beispielsweise so ungünstig und der Grundwasserspiegel so hoch sein, dass ein Kellerbau viel zu teuer werden würde. Auch für den Statiker ist es wichtig, die Bodenverhältnisse genau zu kennen, weil er beispielsweise bei sehr tragfähigem Grund weniger Stahl für die Bodenplatte und die Fundamente vorsehen muss und damit kostengünstiger planen kann.

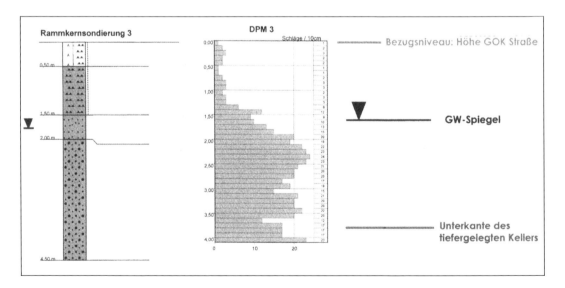

Abb. 11:
Profilschnitt einer Baugrunduntersuchung

2.2.5 Staatlich anerkannter Sachverständiger für Schall- und Wärmeschutz

Zu seinen Aufgaben gehört es, nachzuweisen, dass das Gebäude den Anforderungen an den Schallschutz und Wärmeschutz erfüllt. Er legt z. B. die Dicke und die wärmetechnischen Eigenschaften der Dämmung im Dach fest. Auch der Schallschutznachweis hat Einfluss auf die zum Einsatz kommenden Baumaterialien. Steht das Gebäude beispielsweise an einer stark befahrenden Straße, ist nicht jeder Außenwandaufbau oder jedes Fenster geeignet. Häufig haben der Architekt oder der Statiker eine Weiterbildung als staatlich anerkannter Sachverständiger für Schall- und Wärmeschutz und fertigen die entsprechenden Nachweise an.

2.2.6 Innenarchitekt

Innenarchitekten werden häufig im gewerblichen Bereich wie z. B. Ladenbau oder Gastronomie eingesetzt. Aber auch bei umfangreicheren Innenumbauten von Wohnhäusern werden Innenarchitekten eingeschaltet, denn sie haben häufig interessante Ideen zur Gestaltung der Räume und helfen auch bei der Auswahl der Innenraummaterialien, Farben und Möbel.

2.2.7 Umweltingenieur

In Bestandsgebäuden können sich hochgiftige Stoffe befinden wie z. B. polyzyklische aromatische Kohlenwasserstoffe (PAK) oder polychlorierte Biphenyle (PCB), aber auch Asbest, die bei Umbaumaßnahmen fachgerecht entsorgt werden müssen. Die erforderlichen Voruntersuchungen, Ausschreibungen, Überwachung der Arbeiten und die Endkontrolle nach Entsorgung werden in der Regel von einem Umweltingenieur durchgeführt.

3 Der Architektenvertrag

Unabhängig davon, ob Sie einen Neubau planen oder ein bestehendes Gebäude umbauen möchten, sollten Sie den Architekten wie alle anderen Baupartner grundsätzlich schriftlich beauftragen. Achten Sie darauf, dass er vor Vertragsabschluss keine Leistungen erbringt, die eigentlich honorarpflichtig sind und Ihnen möglicherweise als mündliche Beauftragung ausgelegt werden können. Im Kapitel 3.1 werden zunächst die einzelnen Leistungsphasen des Architekten und die Vorgehensweise bei der Honorarermittlung erläutert. Nachfolgend wird dann auf die Besonderheiten der Honorarermittlung bei Umbauten eingegangen.

3.1 Die Honorarordnung für Architekten und Ingenieure (HOAI)

Architekten und Ingenieure in Deutschland sind an die so genannte HOAI gebunden, die „Honorarordnung für Architekten und Ingenieure". Diese regelt, welche Leistungen der Architekt zu erbringen hat und welches Honorar er dafür in Rechnung stellen kann. Wenn der Architekt sämtliche Leistungen vom ersten Vorentwurf über die Werkplanung bis hin zu Bauleitung und Betreuung während der Gewährleistungszeit der Unternehmen übernimmt, können Sie generell davon ausgehen, dass – ganz grob gesagt – etwas mehr als 12 bis 15 % der Bausumme als Architektenhonorar anfällt, je nach vertraglichen Regelungen. Die HOAI wird im folgenden näher erläutert. Wenn Sie mit einem Architekten planen und bauen wollten, sollten Sie nach Möglichkeit die aktuellste Fassung der HOAI zumindest einmal durchgelesen haben. Sie finden diese z. B. im Internet unter www.gesetze-im-internet.de. Die HOAI wurde im Jahr 2009 grundlegend überarbeitet. Die nachfolgenden Informationen richten sich nach der neuen Fassung der HOAI. Es kann auch sein, dass Sie im weiteren Verlauf Ihres Bauvorhabens sogar einen aktuellen Kommentar zur HOAI benötigen. In einem Kommentar wird die rechtliche Auslegung der HOAI, also z. B. die Pflichten des Architekten in bestimmten Leistungsphasen, beleuchtet. Es ist dann aber meist besser, einen Fachanwalt für Bau- und Architektenrecht von Anfang an für die Ausgestaltung des Architektenvertrages zu Rate zu ziehen (siehe Kapitel 3.4).

3.1.1 Die Leistungsphasen des Architekten

Die Arbeit des Architekten wird in der HOAI in verschiedene Leistungsphasen untergliedert, innerhalb derer sich auch die Planungstätigkeit des Architekten vollzieht. Insgesamt gibt es neun Leistungsphasen.

Diese Leistungsphasen 1 bis 9 der HOAI umschreiben damit also die konkreten Aufgaben des Architekten, wenn Sie ihn als Bauherr mit der Planung und Umsetzung Ihres Bauvorhabens beauftragen. Jeder Leistungsphase wird ein bestimmter Prozentsatz des Gesamthonorars zugeordnet. Die einzelnen Prozentsätze gliedern sich folgendermaßen:

Die Leistungsphasen der HOAI:

1. Grundlagenermittlung	3 %
2. Vorplanung	7 %
3. Entwurfsplanung	11 %
4. Genehmigungsplanung	6 %
5. Ausführungsplanung	25 %
6. Vorbereitung der Vergabe	10 %
7. Mitwirkung bei der Vergabe	4 %
8. Objektüberwachung	31 %
9. Objektbetreuung und Dokumentation	3 %
Gesamt	100 %

Die einzelnen Leistungsphasen gliedern sich ferner in Grundleistungen und besondere Leistungen. Während Grundleistungen im Honorar enthalten sind, besteht für besondere Leistungen nur dann ein Honoraranspruch, wenn dies im Vorfeld schriftlich vereinbart wurde. Nachfolgend wird beschrieben, welche Grundleistungen und besonderen Leistungen die jeweiligen Leistungsphasen enthalten.

1. Grundlagenermittlung

Grundleistungen:
Innerhalb der Grundlagenermittlung wird Sie der Architekt über ihre finanziellen Möglichkeiten und baulichen Wünsche ebenso befragen, wie z. B. gemeinsam mit Ihnen eine Grundstücksbegehung machen, um erste Ansätze für die Hausplanung auszuloten. Er klärt in dieser Phase sozusagen die Aufgabenstellung und berät Sie zum gesamten Leistungsbedarf, um darauf aufbauend in die konkretere Planung einsteigen zu können. Außerdem berät er Sie zur Auswahl weiterer an der Planung beteiligter Fachleute und fasst schließlich alle Ergebnisse zusammen.

In dieser Phase ist es für Sie äußerst ratsam, wenn Sie mit möglichst konkreten Vorstellungen zum Architekten kommen, dies verkürzt die Planungsphase und die Variantenbearbeitung. Siehe hierzu auch das

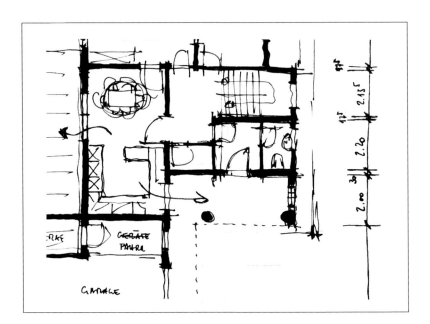

Abb. 12: Vorplanungsskizze

Kapitel 4 „Von der Grundlagenermittlung zur Baugenehmigung bei Neubauvorhaben" dieses Buches.

Besondere Leistungen:
Wenn Bestandsaufnahmen erforderlich sind, Standortanalysen und Betriebsplanungen erstellt werden müssen oder ein Raumprogramm bzw. ein Funktionsprogramm aufgestellt werden soll, sind dies besondere Leistungen, für die der Architekt ggf. ein gesondertes Honorar mit Ihnen vereinbaren kann. Gleiches gilt für Untersuchungen zur Umweltverträglichkeit oder Umwelterheblichkeit des Vorhabens.

2. Vorplanung

Grundleistungen:
Bei der Vorplanung kommt es, meist im Maßstab 1 : 200, zu ersten Grundriss- und Ansichtszeichnungen Ihres Hauses. Hier sind bereits viele Ihrer Wünsche erkennbar, auch wenn das Ganze noch skizzenhaften Charakter hat. Raumanzahl und Raumgrößen, Raumzuordnungen und Hausgestalt sollten bereits in dieser Phase recht konkrete Ansätze erhalten. Hierzu gehören auch Untersuchungen zu alternativen Lösungsmöglichkeiten nach gleichen Anforderungen. Außerdem führt der Architekt bei Bedarf erste Vorverhandlungen mit Behörden und anderen an der Planung Beteiligten über die Genehmigungsfähigkeit. Wichtiger Bestandteil dieser Leistungsphase ist eine erste Kostenschätzung (siehe Seite 68) begleitend zum Vorentwurf. Abschließend werden alle Ergebnisse dieser Leistungsphase zusammengefasst.

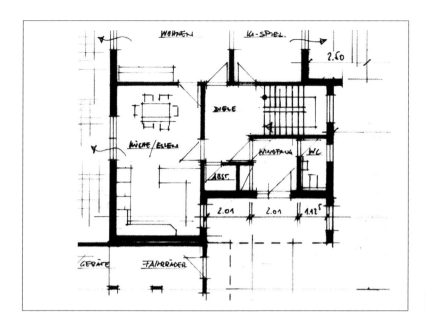

Abb. 13:
Entwurfsskizze

Besondere Leistungen:
Die Mitwirkung bei der Kreditvergabe oder das Aufstellen eines Finanzierungsplans sind besondere Leistungen, ebenso die Durchführung einer Bauvoranfrage. Wenn Lösungsmöglichkeiten nach grundsätzlich verschiedenen Anforderungen untersucht werden, also z. B. die Bebauung eines Grundstücks mit einem eingeschossigen Flachdachpavillon oder alternativ ein dreigeschossiges Mehrfamilienhaus, ist das eine besondere Leistung des Architekten. Auch das Anfertigen eines Modells, an dem man dann die dreidimensionalen Ansätze meist gut erkennen kann, ist eine Sonderleistung, die ggf. gesondert vergütet wird.

3. Entwurfsplanung

Grundleistungen:
Die Entwurfsplanung ist meist bereits im Maßstab 1:100 gefertigt und auf ihr sind schon die meisten Details klar erkennbar, wie z. B. tragende und nichttragende Wände, die exakte Lage der Türen und Fenster, der genaue Platzbedarf für die Treppe etc. Anhand der Entwurfsplanung erfolgen auch gemeinsam mit dem Bauherren die letzten Klärungen offener Fragen die Gestalt des Hauses betreffend, wie z. B. ob Dachfenster oder Dachgauben geplant werden sollen etc., denn auf Basis dieser Planung wird dann die Genehmigungsplanung erstellt. Hierzu gehören auch Verhandlungen mit Behörden und andern an der Planung fachlich Beteiligten. Außerdem beinhaltet diese Leistungsphase eine detaillierte Kostenberechnung (siehe Seite 69 ff) des Bauvorhabens und

eine erste Kostenkontrolle, ob die Kostenberechnung innerhalb der Vorgaben liegt sowie die Zusammenfassung aller Entwurfsunterlagen.

Besondere Leistungen:
Wirtschaftlichkeitsanalysen oder die Ausarbeitung besonderer Maßnahmen zur Energieoptimierung, Nutzung erneuerbarer Energien etc., die über das zur Einhaltung gesetzlicher Anforderungen notwendige Maß hinausgehen, sind besondere Leistungen dieser Phase.

4. Genehmigungsplanung

Grundleistungen:
Die Genehmigungsplanung oder auch Baueingabeplanung, dient zur Vorlage des konkreten Bauantrages bei einer kommunalen Behörde. In ihr müssen Grundrisse, Ansichten und Schnitte des Bauvorhabens im Maßstab 1:100 wiedergegeben sein, und zwar auch in Bezug auf die umliegende Bebauung. Vorgeschriebene Abstandsflächen müssen hier ebenso eingetragen sein, wie der Baumbestand, die Baugrenzen oder die Entwässerungsleitungen manchmal, vor allem wenn nach § 34 BauGB gebaut wird, müssen auch die Höhen der umliegenden Bebauung eingetragen werden.

Auch ein Lageplan im Maßstab 1:500 ist meist gefordert. Hinzu kommt eine Baubeschreibung, in der die Art und Weise des zu bauenden Hauses in Grundzügen beschrieben wird, also Gründung, Konstruktionsweise, Baustoffe etc. Schließlich kommen noch planerische und technische Erläuterungen, die meist auf dafür vorgesehenen Formularblättern der Kommune eingetragen werden müssen. Dies betrifft insbesondere Dinge wie Brandschutz, Art der Feuerung etc.

Sie können sich viel Zeit und Ärger ersparen, wenn diese Unterlagen von Beginn an vollständig sind und wenn im weiteren Verlauf möglichst wenig Änderungen vorgenommen werden. Ihr Bauvorhaben wird nämlich nur in der exakt vorgelegten Baueingabeplanung genehmigt. Wenn Sie im weiteren Verlauf des Bauvorhabens doch noch einen Balkon, eine Dachterrasse oder einen anderen Hauseingang wünschen, ist dies nicht genehmigt und wirft Sie im Ablauf wieder zurück, weil zunächst eine Genehmigung in Form eines Nachtrags zum Baugesuch eingeholt werden muss.

Besondere Leistungen:
Hierzu gehört beispielsweise die Mitwirkung bei der Beschaffung nachbarlicher Zustimmungen, Unterstützung des Bauherrn in Widerspruchsverfahren, Klageverfahren oder Ähnliches oder die Änderung von Genehmigungsunterlagen aus Gründen, die der Architekt nicht zu vertreten

Die HOAI 3.1

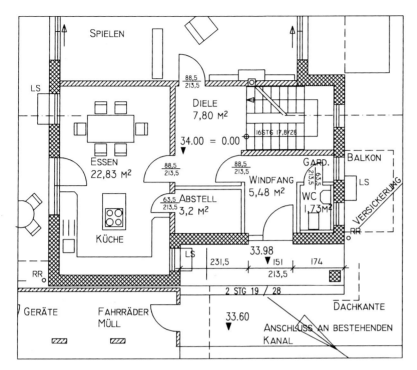

Abb. 13:
Baugesuchplan

hat. Dies wäre z. B. dann der Fall, wenn Sie nachträglich noch eine zusätzliche Dachgaube wünschen und der Architekt deshalb die Pläne und Anträge ändern und neu einreichen muss.

5. Ausführungsplanung

Grundleistungen:
Die Ausführungsplanung oder Werkplanung ist die Planung, die auf der Baustelle für die Erstellung des Bauvorhabens benötigt wird. Sie ist im Maßstab 1 : 50 gezeichnet, Details aber auch im Maßstab 1 : 20, bis hin zu 1 : 5 oder gar 1 : 1. Sie muss alle notwendigen zeichnerischen Einzelangaben enthalten, die für die einzelnen Baugewerke notwendig sind, damit das Bauvorhaben sozusagen vom Papier in die Realität umgesetzt werden kann (siehe Seite 33). Kommt es auf der Baustelle zu Problemen, weil Maße nicht stimmen oder Detailausführungen unklar sind, wird sie zur Klärung herangezogen und bildet auch einen Teil der konkreten Haftungsproblematik des Architekten. Vergisst der Architekt beispielsweise hier genaue Eintragungen oder Detaillösungen, bedeutet dies meistens einen Zeitverlust während des Bauprozesses und im schlimmsten Fall kann dies später auch zu Bauschäden aufgrund fehlerhafter Planung führen.

Besondere Leistungen:
Hierzu gehört z. B. die Anfertigung von Detailmodellen.

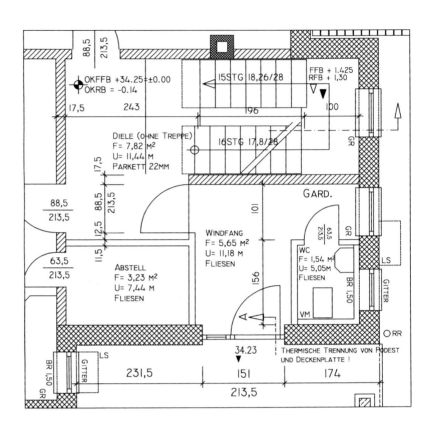

Abb. 15:
Ausführungsplanung

6. Vorbereitung der Vergabe

Grundleistungen:

Bevor mit dem Bauen angefangen werden kann, muss aber nicht nur eine Baugenehmigung vorliegen und eine exakte Ausführungsplanung angefertigt sein, sondern es sollte natürlich auch ein Großteil der Bauleistungen an Handwerksunternehmen vergeben und entsprechende Verträge abgeschlossen worden sein. Eine Übersicht über die möglichen Gewerke beim Bauen finden Sie im Kapitel 4.3 dieses Buches.

Der Architekt schreibt diese Gewerke aus, d. h. er formuliert in schriftlicher Form, welche Arbeiten z. B. im Bereich Erdbau, Rohbau oder Heizungsbau zu verrichten sind. Er untergliedert sie hierbei in die verschiedensten Einzelpositionen und fasst diese wiederum in einzelnen Titeln zusammen, aus denen ein komplettes Leistungsverzeichnis, z. B. für das Gewerk Rohbau, entsteht. Diese Leistungsverzeichnisse werden dann an verschiedene Unternehmen gesandt mit der Bitte um Abgabe eines Angebots (siehe Seite 35). Da die Leistungsverzeichnisse später Bestandteil des Vertrags mit dem Handwerksunternehmen sind, kommt es bei ihnen auf eine möglichst exakte Beschreibung aller anfallenden Arbeiten an.

Besondere Leistungen:
Aufstellen von alternativen Leistungsverzeichnissen.

7. Mitwirkung bei der Vergabe
Grundleistungen:
Hierzu gehört zunächst das Einholen von Angeboten. Nach Prüfung der eingegangenen Angebote wird der Architekt Ihnen Vorschläge unterbreiten, welches Unternehmen seiner Auffassung nach zur Erstellung der betreffenden Leistung am ehesten in Betracht kommt. Hier wird er möglicherweise auch seine eigene Erfahrung mit Unternehmen aus der Region einbringen, denn es muss nicht immer sein, dass das billigste Angebot auch das preiswerteste ist, im Sinne von „den Preis wert". Es nutzt Ihnen überhaupt nichts, wenn Sie ein sehr billiges Rohbauunternehmen mit der Erstellung Ihres Rohbaus beauftragt haben, aber dann möglicherweise jeden Tag mit neuem Pfusch kämpfen müssen oder mit Zeitverzögerungen oder kaum motiviertem Personal oder im allerschlimmsten Fall mit der Insolvenz des Unternehmens während der Bauphase Ihres Hauses. Zu dieser Leistungsphase gehört auch der so genannte Kostenanschlag, d. h. die Ermittlung der Kosten aus den Angebotspreisen der einzelnen Gewerke und die Kostenkontrolle durch den Vergleich von Kostenanschlag und Kostenberechnung.

Besondere Leistungen:
Aufstellen, Prüfen und Werten von Preisspiegeln nach besonderen Anforderungen (z. B. geordnet oder selektiert nach speziellen Positionen).

8. Objektüberwachung
Grundleistungen:
Die Objektüberwachung bzw. Baubetreuung ist die Phase, in der der Architekt sämtliche am Bau beteiligte Unternehmen koordiniert, u.a. über einen so genannten Bauzeitenplan, und die Ausführungsqualität, Ausführungsfristen, Ausführungskosten, Anwesenheiten etc. überwacht. Er muss hierüber ein Baustellentagebuch führen. Die Aufgaben des Bauleiters werden im Kapitel 7.1 ausführlich erläutert. Während der Leistungsphase 8 kommt es immer wieder auch zu Abnahmen von einzelnen Gewerken, bei denen Sie und der Architekt bzw. Bauleiter grundsätzlich gemeinsam zugegen sein sollten. Ausführlicheres zum Thema Abnahme finden Sie im Kapitel 8 des vorliegenden Buchs. Zu dieser Leistungsphase gehören auch die Kostenfeststellung, d. h. die Ermittlung der tatsächlich angefallenen Kosten bei den einzelnen Gewerken und die Kostenkontrolle durch Vergleich von Kostenanschlag und Kostenfeststellung.

Besondere Leistungen:
Hierzu gehört insbesondere das Aufstellen und Fortschreiben von Zahlungsplänen.

9. Objektbetreuung und Dokumentation

Grundleistungen:
Nach der Fertigstellung und Abnahme von Unternehmerleistungen beginnt die so genannte Gewährleistungszeit, während der die Unternehmer zur kostenfreien Nachbesserung von auftretenden Mängeln verpflichtet sind (siehe Kapitel 9). Haben Sie diese Leistungsphase vereinbart, unterstützt Sie der Architekt bei der Durchsetzung Ihrer Gewährleistungsansprüche. Wichtigste Aufgabe dieser Phase ist daher die Objektbegehung und Mängelfeststellung vor Ablauf von Gewährleistungszeiten. Diese letzte Phase der HOAI umfasst außerdem den Bereich der sach- und fachgerechten Aufarbeitung und Dokumentation des Baugesuchs, der Plananfertigungen, des Bauablaufs, der technischen Einbauten, des Bautagebuchs, der Vertragsunterlagen mit den Handwerkern etc.

Besondere Leistungen:
Dies sind beispielsweise das Erstellen von Bestandsplänen, Wartungs- und Pflegeanweisungen, eine Objektverwaltung oder die Überwachung von Wartungs- und Pflegeleistungen.

Nun kennen Sie grob die einzelnen HOAI-Leistungsphasen und wissen, nach welchem Leitfaden der Architekt seine Arbeit strukturiert. Wichtig für Sie als Bauherr ist nun aber auch zu wissen, auf welcher Grundlage das Honorar ermittelt wird.

3.1.2 Die Ermittlung des Honorars

Die Honorarermittlung richtet sich nach zwei Hauptkriterien:

- den anrechenbaren Kosten
- der Honorarzone bzw. der Art des Bauvorhabens.

Bei den anrechenbaren Kosten handelt es sich um einen bestimmten Anteil an den Gesamtkosten der Baumaßnahme, und zwar um die Kosten für das Bauwerk und die haustechnische Installation abzüglich der gesetzlichen Mehrwertsteuer (siehe Kapitel 4.3, Seite 64). Kosten für Fachplaner, die Erschließung des Grundstücks oder Genehmigungsgebühren etc. werden nicht berücksichtigt.

Auszug aus Honorartafel zu § 34 Abs. 1				
Anrechenbare Kosten Euro	Zone III von Euro	bis	Zone IV von Euro	bis
25.565 EUR	3.290 EUR	4.241 EUR	4.241 EUR	4.876 EUR
30.000 EUR	3.847 EUR	4.948 EUR	4.948 EUR	5.686 EUR
35.000 EUR	4.483 EUR	5.760 EUR	5.760 EUR	6.613 EUR
40.000 EUR	5.112 EUR	6.565 EUR	6.565 EUR	7.538 EUR
45.000 EUR	5.743 EUR	7.372 EUR	7.372 EUR	8.458 EUR
50.000 EUR	6.358 EUR	8.154 EUR	8.154 EUR	9.346 EUR
100.000 EUR	12.442 EUR	15.796 EUR	15.796 EUR	18.032 EUR
150.000 EUR	18.236 EUR	22.900 EUR	22.900 EUR	26.008 EUR
200.000 EUR	23.745 EUR	29.471 EUR	29.471 EUR	33.289 EUR
250.000 EUR	29.018 EUR	35.610 EUR	35.610 EUR	40.006 EUR
300.000 EUR	33.715 EUR	41.407 EUR	41.407 EUR	46.540 EUR
350.000 EUR	38.017 EUR	46.970 EUR	46.970 EUR	52.944 EUR
400.000 EUR	41.940 EUR	52.175 EUR	52.175 EUR	59.001 EUR
450.000 EUR	45.498 EUR	57.024 EUR	57.024 EUR	64.702 EUR
500.000 EUR	48.667 EUR	61.464 EUR	61.464 EUR	69.994 EUR
1.000.000 EUR	87.112 EUR	109.650 EUR	109.650 EUR	124.674 EUR

Abb. 16: Auszug aus Honorartafel zu § 34 Abs. 1

Da es beispielsweise einfacher ist, einen ebenerdigen Car-Port zu erstellen als eine ebenerdige Notarztstation mit gleichem Bauvolumen, werden diese Baumaßnahmen auch beim Honorar unterschiedlich bewertet. Gebäude werden je nach Schwierigkeitsgrad in fünf so genannte Honorarzonen eingeteilt, d. h. einfachere Bauten werden im Honorar niedriger angesetzt als komplexere. Innerhalb dieser Honorarzonen gibt es nun so genannte Mindest- und Höchstsätze. Die oben stehende Tabelle soll Ihnen dies verdeutlichen. Wohnhäuser mit durchschnittlicher Ausstattung werden zumeist der Zone III zugeordnet, bei hochwertiger Ausstattung der Zone IV:

Neben diesem Grundhonorar des Architekten fallen außerdem so genannte Nebenkosten an, soweit dies nicht vertraglich ausgeschlossen wurde. Die Abrechnung von Nebenkosten wird im § 14 der HOAI geregelt. Dabei handelt es sich um Auslagen des Architekten im Rahmen seiner Tätigkeit. Zu den Nebenkosten gehören beispielsweise:

- Portokosten und Telefongebühren
- Kosten für Kopien von Plänen und Unterlagen
- Kosten für ein Baustellenbüro
- Fahrtkosten.

> **Beispiel einer Honorarermittlung für ein Einfamilienhaus**
>
> **1. Ermittlung der anrechenbaren Kosten:**
>
> | | |
> |---|---|
> | Gesamtkosten: | 351.000,00 EUR |
> | davon anrechenbare Kosten (Kostengruppe 300 und 400): | 264.000,00 EUR |
> | abzüglich Mehrwertsteuer: | 42.151,26 EUR |
> | **anrechenbare Kosten:** | **221.848,74 EUR** |
>
> **2. Dafür fälliges Gesamthonorar**
>
> | | |
> |---|---|
> | Vereinbarte Honorarzone nach § 5 HOAI | III |
> | Vereinbarter Honorarsatz nach § 7 HOAI | Mindestsatz |
> | **Gesamthonorar gemäß § 34 HOAI** | **26.049,17 EUR** |
>
> **3. Aufteilung des Nettohonorars nach den Leistungsphasen (gerundet)**
>
> | | | |
> |---|---|---|
> | 1. Grundlagenermittlung | 3 % | 781,48 EUR |
> | 2. Vorplanung | 7 % | 1.823,44 EUR |
> | 3. Entwurfsplanung | 11 % | 2.865,41 EUR |
> | 4. Genehmigungsplanung | 6 % | 1.562,95 EUR |
> | 5. Ausführungsplanung | 25 % | 6.512,29 EUR |
> | 6. Vorbereitung der Vergabe | 10 % | 2.604,92 EUR |
> | 7. Mitwirkung bei der Vergabe | 4 % | 1.041,97 EUR |
> | 8. Objektüberwachung | 31 % | 8.075,24 EUR |
> | 9. Objektbetreuung und Dokumentation | 3 % | 781,48 EUR |
> | Mehrwertsteuer 19 % | | 4949,34 EUR |
> | **Summe** | | **30.998,51 EUR** |
>
> (4. Ggf. zusätzliche Nebenkosten)

Abb. 17: Honorarermittlung

Nebenkosten können entweder pauschal oder nach Einzelnachweis abgerechnet werden. Ist schriftlich nichts vereinbart, müssen sie nach Einzelnachweis abgerechnet werden. Das ist für den Bauherrn ohnehin die transparentere Regelung.

3.2 Besonderheiten bei Umbauten und Modernisierungen

Umbauvorhaben sind häufig wesentlich komplizierter als Neubauvorhaben, weil die Eigenschaften des vorhandenen Gebäudes bei der Planung und Ausführung mit berücksichtigt werden muss. Die Anbindung von neuen Bauteilen an die bestehende Bausubstanz ist häufig kompliziert und muss sorgfältig überwacht werden. Die HOAI sieht aus diesem Grund vor, diesen Mehraufwand zu berücksichtigen und zwar grundsätzlich mit 20 %. Es können darüber hinaus aber bis zu 80 % Zuschlag vereinbart werden. Dies wird geregelt in § 35 der HOAI. Eine Umbaumaßnahme liegt dann vor, wenn sie mit wesentlichen Eingriffen in die Konstruktion des Hauses oder den Bestand verbunden ist. Um eine Modernisierungsmaßnahme handelt es sich dann, wenn die baulichen Maßnamen zu einer nachhaltigen Erhöhung des Gebrauchswertes führen. Der bloße Austausch eines Estrichs gegen einen neuen mit der gleichen Ausführung berechtigt nicht zum Ansetzen eines Umbauzuschlags.

Wenn der Architekt einen Umbau- und Modernisierungszuschlag vorschlägt, der über die 20 % Honorarzuschlag hinausgeht, sollte er dies klar fachlich begründen, sodass auch transparent nachvollziehbar ist, warum und wofür.

3.3 Die Vertragsgestaltung

Oft kommt es vor, dass ein Bauherr den Architekten einige Zeichnungen und Entwürfe anfertigen lässt, bevor er sich für eine Zusammenarbeit entscheidet. Hier ist Vorsicht geboten. Werden sich Bauherr und Architekt nachher nicht über eine Zusammenarbeit einig, muss diese Leistung trotzdem bezahlt werden. Sagt Ihnen der Architekt zu, die ersten Vorgespräche und Grundüberlegungen kostenfrei zu erbringen, dann halten Sie dies schriftlich fest. Formulieren Sie gemeinsam mit dem Architekten, wo diese Vorleistung endet, und lassen Sie sich diese Aktennotiz unterzeichnen.

Grundlage eines Architektenvertrages ist das Werkvertragsrecht des Bürgerlichen Gesetzbuchs (BGB § 631 ff.). Der Architekt muss seine Arbeit so ausführen, dass ein mangelfreies Bauwerk mit der vereinbarten Beschaffenheit und damit ohne Sach- und Rechtsmängel entsteht. Hierfür steht ihm das vereinbarte Honorar zu.

Der Grundsatz der Gestaltungsfreiheit erlaubt eine „maßgeschneiderte" Vertragsgestaltung von individuellen Vereinbarungen bis hin zu Formularverträgen. Vor einigen Jahren gab es von der Bundesarchitektenkammer ein Vertragsmuster eines „Einheitsarchitektenvertrages", der jedoch zurückgezogen wurde, weil die Rechtsprechung einige Passagen für unzulässig erklärt hat.

Zurzeit gibt es lediglich von der Architektenkammer Niedersachsen einen Leitfaden zur Abfassung von Architektenverträgen. Manche Architekten verwenden diesen Leitfaden. Da diese Unterlagen allerdings von den berufsständischen Vertretungen der Architektenschaft erstellt sind, wahren sie nicht vorrangig die Interessen des Bauherren, sondern zunächst die des Architekten.

Wenn Sie sicherstellen möchten, dass im Vertrag mit dem Architekten Ihre Interessen auch nach der jeweils aktuellen Rechtsprechung lückenlos eingearbeitet werden, empfehlen wir Ihnen, den Vertragsentwurf vor Vertragsunterzeichnung von einem auf Fachanwalt für Bau- und Architektenrecht prüfen zu lassen (siehe Kapitel 3.4, Seite 43). Denn in der Regel wird Ihnen der Architekt die vertragstechnischen Grundlagen vorlegen und nicht umgekehrt.

Die folgenden Punkte sollten auf jeden Fall bei der Vertragsgestaltung beachtet werden:

1. Überlegen Sie, ob Sie mit dem Architekten grundsätzlich und von vornherein die Übernahme sämtlicher Leistungen vereinbaren, oder aber ob Sie einen Stufenvertrag vereinbaren, bei dem die weiteren Leistungsphasen automatisch nur dann von dem betreffenden Architekturbüro bearbeitet werden können, wenn die vorausgegangenen Leistungen zu Ihrer Zufriedenheit bearbeitet wurden.

Diese Stufen können Sie beispielsweise folgendermaßen gestalten: Für die Leistungsphasen 1-3, oder aber, wenn Sie diese weitestgehend selber abdecken wollen, für die Phase 4, dann für die Leistungsphase 5, schließlich für die Leistungsphasen 6-9.

Das hat den Vorteil, dass Sie in dem Moment, wo es zu Problemen mit dem Architekten kommt, nicht gleich in einem alle Leistungsphasen einschließenden Vertrag eingebunden sind. Erst nach erfolgreicher Erfüllung bestimmter Leistungsphasen tritt die nächste Stufe in Kraft. Was genau zu den Architektenleistungen gehört, sollten Sie detailliert regeln. Zum einen zeitlich über fest vereinbarte Fertigstellungstermine einzelner Leistungen, zum andern inhaltlich orientiert an einem aktuellen Kommentar zur HOAI, den Sie in jeder Buchhandlung beziehen können. In diesen Kommentaren werden die einzelnen Leistungsphasen und die zu erbringenden Leistungen vollständig aufgelistet und einzeln erläutert. Das hat für Sie den großen Vorteil, dass Sie sich mit Ihrem Architekten von vornherein innerhalb einer klar definierten Leistungsdefinition bewegen.

2. Soweit Sie Ihren Raumbedarf im Vorfeld ermittelt (siehe Kapitel 4.1, Seite 46) und sich bereits Vorüberlegungen zur Baustoffauswahl und

Haustechnik gemacht haben (siehe Kapitel 4.2, Seite 48), sollten diese Informationen als Anlage dem Vertrag beiliegen.

3. Bereits im Vertrag sollte ein Kostenrahmen bzw. eine Kostenobergrenze festgehalten werden. Legen Sie fest, wann, wie und in welcher Form der Architekt Sie auf eventuelle Kostenüberschreitungen aufmerksam machen muss.

4. Vereinbaren Sie mit dem Architekten, dass er ein Bautagebuch führt und eine Fotodokumentation des Bauablaufs macht. Das Bautagebuch sollte Ihnen in regelmäßigen Abständen vorgelegt werden (z. B. alle vier Wochen).

5. Vereinbaren Sie klare Regelungen zur Abwicklung der Honorarzahlungen (siehe Kapitel 10, Seite 163). Sie haben beispielsweise die Möglichkeit, nach Beendigung einer Leistungsphase eine Zahlung zu vereinbaren oder regelmäßige Abschlagszahlungen, wobei diese nicht höher sein sollten als die erbrachte Leistung des Architekten. Abschlagszahlungen für in sich abgeschlossene Leistungsphasen sind möglich, der Architekt hat aber keinen gesetzlichen Anspruch auf vorzeitige Honorarzahlungen, z. B. bei Auftragserteilung.

6. Vereinbaren Sie die Aufstellung eines Bauzeitenplanes, in dem auch alle Leistungsphasen vor Baubeginn berücksichtigt werden.

7. Vereinbaren Sie einen Fertigstellungstermin für Ihr Gebäude.

8. Vereinbaren Sie grundsätzlich, dass die Nichterbringung auch nur einer Leistung im festgelegten zeitlichen Rahmen und im festgelegten inhaltlichen Rahmen (Inhaltsdefinition wie erwähnt z. B. nach HOAI-Kommentar) zur einseitigen Kündigung des Vertrages durch Sie berechtigt, ohne dass für Sie Kosten für zum Zeitpunkt der Kündigung nicht erbrachte Leistungen anfallen.

9. Vereinbaren Sie klare Regelungen zur Vergütung von Nebenkosten wie z. B. Fahrtkosten, Portokosten, Telefongebühren oder Kopier- und Pauskosten.

10. Lassen Sie sich vom Architekten seine Berufshaftpflichtversicherung vorlegen und legen Sie diese in Kopie als Anlage zum Vertrag. Prüfen Sie das tatsächliche Bestehen dieser Versicherung durch Rücksprache bei der Versicherung.

11. Es besteht die Möglichkeit, ein Erfolgshonorar vertraglich zu vereinbaren für den Fall, dass die geplanten Kosten unterschritten werden. Der Architekt erhält dann einen prozentualen Anteil an den eingesparten Kosten. Problem: Es muss eine realistische Grundlage existieren, bei welchen Kosten das Gebäude in welcher Ausstattung errichtet werden kann.

Dies ist eigentlich erst gegeben, wenn das genehmigte Baugesuch vorliegt. Ein Erfolgshonorar sollte daher erst ab der Leistungsphase 5 vereinbart werden. Dies kann auch eine zusätzliche Regelung bei guter Zusammenarbeit sein.

12. Es ist sinnvoll, auch die Leistungsphase 9 (Objektbetreuung und Dokumentation) mit dem Architekten zu vereinbaren. Er wird durch die Übertragung auch dieser Aufgabe ein höheres Interesse an einer exakten Planung und Ausführung haben, um sich nicht noch jahrelang mit Mängelbeseitigungen herumschlagen zu müssen. Werden Sie hellhörig, wenn sich Ihr Architekt nicht auf diese Leistungsphase einlassen will.

14. Vereinbaren Sie eine salvatorische Klausel, d. h., dass bei Ungültigkeit eines Paragraphen des Vertrages nicht der ganze Vertrag ungültig ist.

Es ist immer zu empfehlen, sich den Vertragsentwurf vor Unterzeichnung zunächst per Post zukommen zu lassen oder ihn mitzunehmen und ihn dann in Ruhe durchzugehen. So können Sie die Vertragsverhandlungen fachlich fundiert vorbereiten.

3.4 Präventive Prüfung von Verträgen durch einen Anwalt

Da es sich beim Bau eines Hauses um eine große Investition mit langfristigen finanziellen monatlichen Belastungen handelt, ist es durchaus sinnvoll, von Beginn an mit einem Anwalt zusammenzuarbeiten, ein entsprechendes Budget in die Kosten mit einzuplanen und sich während des gesamten Bauprozesses von ihm betreuen zu lassen. Der Vorteil liegt darin, dass ein Anwalt so von Beginn an eine für Sie günstige Rechtsposition vorbereitet und bei Schwierigkeiten sofort angemessen reagieren kann.

Wichtig ist, dass es sich dabei um einen prozesserfahrenen Fachanwalt für Bau- und Architektenrecht handelt, denn nur ein solcher kennt in der Regel die aktuelle Rechtsprechung im Baurecht.

Der Anwalt muss dabei die Verträge nicht ausarbeiten. Beim Architektenvertrag erhalten Sie beispielsweise in der Regel einen Vertragsentwurf vom Architekten, den Sie anhand des Kapitels 3.3 durchsehen und ergänzen können. Danach können Sie eine Prüfung des Vertragsentwurfs durch einen Anwalt veranlassen, um sicherzustellen, dass Ihre Belange angemessen berücksichtigt werden und Sie nichts übersehen haben.

Mit den weiteren Verträgen für die Fachingenieure und die Handwerker können Sie ähnlich verfahren, denn diese werden meist vom Architekten vorbereitet. Wichtig ist, dass diese Vertragsunterlagen rechtlich geprüft werden, denn nicht selten stehen beispielsweise Vorbemerkungen im Widerspruch zu aktuellen Rechtsprechung oder es werden unzulässige VOB-Regelungen mit Verbrauchern vereinbart oder die Verträge sind in wesentlichen Teilen lückenhaft.

Die Adressen von Fachanwälten für Bau- und Architektenrecht finden Sie im Branchenfernsprechbuch unter dem Stichwort „Rechtsanwälte". Außerdem können Sie auch die Anwaltskammer ansprechen. Wichtig ist es, im Vorfeld die Basis zu klären, auf welcher der Anwalt arbeitet (z. B. Stundenbasis oder Honorar nach Rechtsanwaltsvergütungsgesetz, RVG, seit 01.07.2004), außerdem die vermutliche Höhe des Honorars oder den Stundensatz. Treffen Sie auch hier schriftliche Vereinbarungen.

3.5 Die Kündigung des Architektenvertrags

Kündigen Sie einen Architektenvertrag vorzeitig ohne ausreichenden Grund, steht dem Architekten in der Regel trotzdem sein Honorar zu, abzüglich dessen, was er an Aufwendungen durch die Kündigung einspart. Bei kleinen Büros kann dies bedeuten, dass fast das volle Honorar anfällt. Daher sind klare Kündigungsbestimmungen wichtig.

Schalten Sie vor einer Kündigung Ihren Anwalt ein und stimmen Sie sich eng mit ihm ab. Ein eigenhändig rasch verfasstes Kündigungsschreiben kann Sie teuer zu stehen kommen. Optimal ist es, wenn Sie klare Kündigungsregeln bereits im Vertrag vereinbart haben.

3.6 Die Haftung des Architekten

Die Frage der Haftung hat beim Planen und Bauen zwischenzeitlich eine enorme Stellung eingenommen. Baumängel können den Bauherren unter Umständen nicht nur sehr viel Geld kosten, sondern auch nicht mehr zu korrigieren sein.

Generell gibt es bei der Architektentätigkeit zwei potenzielle Hauptfehlergebiete: Planungsfehler einerseits und Bauüberwachungsfehler andererseits. Je nach Verschuldungsgrad des Fehlers haftet der Architekt zwischen 5 und 30 Jahren. Bei einem auftretenden Mangel stellt sich also nicht nur die Frage, welcher Unternehmer fehlerhaft gearbeitet hat. Auch der Architekt muss sich unter Umständen vorwerfen lassen, dass er als Bauleiter diesen Mangel hätte erkennen müssen. Es ist ebenso möglich, dass bereits die Planung des Architekten so fehlerhaft war, dass zwangsläufig ein Mangel entstehen musste.

Wichtig ist außerdem die Frage der Beweislast. Während der Planungs- und Bauphase muss der Architekt beweisen, dass er keinen Fehler gemacht hat. Nach Abschluss seiner Arbeiten und Bezahlung der Honorar-Schlussrechnung kehrt sich während der Gewährleistungszeit diese Beweislast zu Ihren Ungunsten um. Dann müssen Sie dem Architekten fehlerhaftes Verhalten nachweisen.

Beispiel: Ausschreibungsfehler, Bauüberwachungsfehler
In der Ausschreibung wurde vergessen, den Fundamenterder auszuschreiben. Der Rohbauunternehmer betoniert die Bodenplatte und die Kellerwände, ohne dieses Metallband einzulegen. Festgestellt wird dieser Fehler erst vom Elektriker, als er mit seinen Arbeiten beginnen möchte. Der Architekt wird sich hier einen Fehler anrechnen lassen müssen, falls hierdurch Mehrkosten für den Bauherrn entstehen.

Beispiel: Planungsfehler
Der vom Architekten in die Werkplanung eingezeichnete und ausgeschriebene Kamindurchmesser erweist sich nach Prüfung durch den zuständigen Bezirksschornsteinfegermeister als zu gering und wird beanstandet. Für den möglicherweise notwendig werdenden Rückbau des bestehenden Kamins und die Neuaufmauerung eines ausreichend dimensionierten Kamins haftet der Architekt.

Beispiel: Bauüberwachungsfehler
Der Elektriker verlegt seine Kabelleitungen nicht gemäß den in der DIN festgeschriebenen Laufkorridoren. Obwohl der Bauleiter regelmäßig auf der Baustelle ist, erkennt er diesen Fehler nicht. Erst später, nachdem der Putz bereits auf die Wände aufgebracht ist und Montagearbeiten an den Wänden verrichtet werden, kommt es zu Durchbohrungen der Elektroleitungen und das Problem wird schließlich bemerkt. In diesem Falle haftet nicht nur der Elektroinstallateur, sondern ebenso der zuständige Bauleiter.

Beispiel: Probleme am Schnittbereich zwischen zwei Gewerken

Sehr häufig gibt es auch Probleme im Schnittbereich von zwei beteiligten Gewerken, wobei häufig ein Unternehmer den anderen für einen entstandenen Schaden verantwortlich macht. Beispiel: Ein undichtes Flachdach wird zur Schadensevaluierung geöffnet. Es wird ein zurückgelassener Nagel gefunden, der ein Loch in die Dachbahnen gebohrt hat. Dachdecker und Klempner bzw. Blechner geben sich gegenseitig die Schuld. Hier wird Ihnen nichts anderes übrig bleiben, als notfalls über einen anzustrengenden Prozess eine Teilschuld von beiden Gewerken nachzuweisen.

Nicht immer prüft der Unternehmer vor Beginn der Arbeiten die Leistungen der Vorunternehmer und informiert den Bauherren, wenn die geforderte Leistung nicht den allgemein anerkannten Regeln der Technik entspricht. Entsteht dann in der Folge ein Mangel oder ein Schaden, wird der Architekt auch einen Teil der Verantwortung tragen müssen.

Architekten können zwar für entstehende Mängel haftbar gemacht werden, wenn die Ausführungsplanung offensichtliche Fehler hat, z. B. voraussehbare Wärmebrücken wie eine durchgängige Metalltürschwelle am Hauseingang, die im Haus zu Schwitzwasserbildung führt und den Flurboden beschädigt, oder auch für Mängel, die durch eine unzureichende Bauüberwachung des Architekten mitverursacht werden (ein Nachweis hierfür kann das Bautagebuch oder eine Fotodokumentation des Bauablaufs sein). Aber bei Entwürfen, die auf dem Papier schön aussehen, in der Ausführung jedoch so kompliziert sind, dass Baufehler praktisch vorprogrammiert sind, ist es schwer, dem Architekten eine Verantwortung zuzuweisen. Es ist daher sinnvoll, die Grenzen des Möglichen beim Bauen im Auge zu behalten und gerade im Wohnungsbau die Details so zu planen, dass eine sichere und fehlerfreie Ausführung durch Handwerker vor Ort auch gewährleistet ist.

4 Von der Grundlagenermittlung zur Baugenehmigung bei Neubauvorhaben

Je konkreter Ihre Vorstellungen sind, mit denen Sie an einen Architekten herantreten, desto besser kann er auf Ihre Bedürfnisse eingehen und das Haus nach Ihren Wünschen planen. Dies betrifft vor allem konkrete Vorgaben in folgenden Bereichen:

- dem erforderlichen Raumbedarf
- den zum Einsatz kommenden Baumaterialien und Konstruktionsweisen
- sowie der gewünschten technischen Ausstattung.

Soweit Sie hierzu konkrete Wünsche haben, sollten diese auch mit in den Architektenvertrag aufgenommen werden. Wie Sie den Raumbedarf für sich ermitteln können und was Sie hinsichtlich Baumaterialien und Haustechnik berücksichtigen können, erfahren Sie in den folgenden Kapiteln.

4.1 Ermittlung des Raumbedarfs

Der Raumbedarf ist eine wesentliche Vorgabe für die Entwurfsplanung des Architekten. Anhaltspunkt für den künftigen Raumbedarf ist zunächst immer Ihre gegenwärtige Wohnsituation, aus der heraus Sie sich ja verändern wollen. Prüfen Sie diese eingehend und halten Sie fest, was Ihnen dort fehlt oder was Sie gerne anders hätten. Listen Sie konsequent alle Räume auf, die Sie für unentbehrlich halten und gehen Sie dabei z. B. einfach geschossweise vor. Die nachfolgende Raumcheckliste kann Ihnen hierbei behilflich sein. Bei der Ermittlung der benötigten Quadratmeterzahl der Räume können Sie beispielsweise mit dem Zollstock Ihre gegenwärtige Wohnung ausmessen und abgleichen, ob diese Raumgrößen für Sie ausreichend sind. Beispiel: Ihre jetzige Küche ist zu klein, weil keine Möglichkeit besteht, einen Esstisch zu stellen. Indem Sie die Länge und Breite der Küche miteinander multiplizieren, erhalten Sie die derzeitige Fläche. Als nächsten Schritt rechnen Sie die Fläche Ihres Essplatzes dazu und erhalten so eine grobe Größenordnung der neuen Küche inklusive Essplatz.

Wenn Sie alle Räume aufgelistet haben und sie geschossweise gegliedert sind, sollten Sie die Gesamtquadratmeterzahlen der einzelnen Geschosse ermitteln und vergleichen. Vergessen Sie nicht so entscheidende Dinge wie das Treppenhaus, Flure etc.

Checkliste für die Bedarfsermittlung

Raum:	Größe	Lage	Orientierung
Vorratsraum	z.B. 12 m²	z. B. Keller	z. B. Nord
Hobbyraum			
Werkkeller			
Fahrradkeller			
Heizungszentrale			
Archiv			
Sauna / Fitness			
Windfang			
Diele / Garderobe / Abstellraum			
Gäste WC			
Küche			
Hauswirtschaft			
Esszimmer			
Wohnzimmer			
Arbeitszimmer			
Gästezimmer			
Elternbad			
Kinderbad			
WC			
Duschbad			
Schlafzimmer			
Ankleide			
Kinderzimmer 1			
Kinderzimmer 2			
Kinderzimmer 3			
Kinderzimmer 4			
Spielzimmer			
Studio / Lesen			
Gesamtfläche			

Abb. 18:
Raumbedarf

Nun können Sie sich überlegen, wie die einzelnen Zimmer zueinander ausgerichtet sein sollten, also z. B. Küche zu Esszimmer oder Wohnzimmer zu Arbeitszimmer oder Schlafzimmer zu Bad etc. Hierbei sollten Sie grundsätzlich darauf achten, dass Räume mit Sanitärinstallation an gemeinsamen Installationswänden bzw. direkt untereinander liegen. Dies hat schall- und installationstechnische Vorteile und spart Geld. Zwei benachbarte Bäder, ein Kinderbad und ein Elternbad, können sehr einfach helfen, viele innerfamiliäre Konflikte stark zu mildern.

Nicht vergessen sollten Sie bei der Bedarfsermittlung auch den Aspekt der barrierefreien Planung. Auch im Alter wollen Sie sicher in Ihrem Haus bleiben. Von Anfang an daran zu denken kostet kaum mehr, macht Ihr Haus aber wesentlich flexibler nutzbar. Das erfordert von Ihnen allerdings auch, sich Gedanken darüber zu machen, das Haus vielleicht auch relativ einfach teilbar zu gestalten. Sei es, dass später einmal ein Appartement für eines der Kinder oder die Großeltern eingerichtet werden kann, sei es, dass Sie dieses Appartement später selbst nutzen wollen, um den Rest einem Ihrer Kinder zu überlassen etc. Je flexibler ein Haus nutzbar ist, desto besser kann es auf Ihre jeweilige Lebenssituation angepasst werden.

4.2 Die Baubeschreibung

Möglicherweise kennen Sie den Begriff „Baubeschreibung" aus dem Bereich des schlüsselfertigen Bauens, beispielsweise mit einem Bauträger. Eine Baubeschreibung sollte detailliert alle auszuführenden Leistungen mit genauer Materialbeschreibung benennen, zu der ein Gebäude für einen bestimmten Preis errichtet wird.

Auch für das Bauen mit einem Architekten ist es sehr sinnvoll, im Vorfeld möglichst genaue Überlegungen zur Materialwahl und Haustechnik anzustellen, denn diese Festlegungen bestimmen zusammen mit der Größe des Hauses maßgeblich die Kosten.

Auf Grundlage einer solchen Baubeschreibung und dem im vorigen Kapitel beschriebenen Raumbedarf kann der Architekt sehr gut eine erste überschlägige Kostenschätzung erstellen.

In den nachfolgenden Kapiteln 4.2.1 und 4.2.2 erhalten Sie einige grundsätzliche Hinweise zu Baustoffen und Haustechnik, in Kapitel 4.2.3 finden Sie ein Grundgerüst, nachdem Sie eine Baubeschreibung für Ihren Neubau anfertigen können.

4.2.1 Die Baustoffe des Hauses

Grundsätzlich ist ein Haus nichts anderes, als der Versuch, eine künstliche Klimahülle zu schaffen, um unabhängig gegenüber dem Außenklima zu werden. Eine solche Hülle ist natürlich in den unterschiedlichsten Varianten und Variationen zu erstellen. Ein Haus ist aus Holz, aus Metall, aus Stein, aus Beton, ja sogar aus Glas baubar, für Sie als Bauherr stellt sich nur die Frage, was für Sie die sinnvollste Lösung ist:

- hinsichtlich Ihrer Überzeugungen (z. B. ökologisch bauen)
- hinsichtlich der Bauqualität und
- hinsichtlich Ihrer ökonomischen Möglichkeiten.

Abb. 19:
Der Keller ist eines der teuersten Elemente eines Hauses, steigert aber den Wiederverkaufswert.

Diesen Dreiklang müssen Sie unter einen Hut bringen, um die für Sie optimale Lösung zu finden.

Es würde zu weit führen, hier im Einzelnen auf sämtliche Baustoffe und Materialien, die in den jeweiligen Gewerken verwandt werden können, vom Kupferrohr bis zur Terrakottafliese einzugehen. Wichtig für Sie sind zunächst einmal grundsätzliche Überlegungen. Brauche ich einen Keller? Und wenn ja, brauche ich einen Steinkeller oder einen Betonkeller? Kann ich mir vorstellen mit Holz zu bauen? Oder sollte es doch Stein sein? Welches Heizsystem brauche ich?

Die Entscheidung für oder gegen einen Keller, die Entscheidung für einen Hauptbaustoff des Hauses und die Entscheidung für oder gegen eine bestimmte Gebäudetechnik sind bereits enorme Schwerpunktentscheidungen, die Ihnen ein erstes Gerüst für weitere Entscheidungen geben. Alle diese Entscheidungen sind auch später nicht mehr revidierbar.

Keller
Der Keller eines Hauses kann sehr schnell zwischen 20.000.– Euro und je nach Ausführung auch 50.000.– Euro kosten, deswegen ist es sicher sinnvoll, darüber nachzudenken, ob man einen Keller letztlich wirklich braucht. Man sollte bei diesen rein rationellen Überlegungen allerdings auch nie vergessen, dass der Keller in Europa, anders als z. B. in Nordamerika, ein Stück Kulturgut ist, also durchaus eine emotionale Seite hat und sehr zum Wiederverkaufswert eines Hauses beitragen kann. In

die Überlegungen einzubeziehen sind durchaus auch Teilunterkellerungen, wichtig hierbei ist allerdings eine gleichmäßige Gründung des gesamten Hauses.

Die Bauweisen eines Kellers reichen von gemauert über betoniert bis hin zu Fertigbetonkellern. Gemauerte Keller haben gegenüber betonierten Kellern in grundwassergefährdeten Regionen und in Regionen mit erhöhter Setzungsgefahr eindeutige Nachteile. Das Haus, das Sie errichten, ist nur so viel Wert wie die Qualität des Kellers und des Fundamentes, auf dem es steht. Ein massiver Betonkeller beispielsweise wirkt wie ein steifer Kasten.

Hauptbaustoffe
Die geläufigsten Hauptbaustoffe im privaten Einfamilienhausbau sind Stein, Holz und Beton und zwar in dieser Reihenfolge. Auch innerhalb dieser Stoffe gibt es wieder riesige Unterschiede, vom Kalksandstein bis zum Ziegel, vom Fichten- bis zum Eichenholz, vom Leichtbeton bis zum B25 Beton. Alle diese Stoffe sind in der Lage, die statischen Anforderungen, die ein Einfamilienhaus benötigt, problemlos zu erfüllen. Die Frage des Einsatzes der Stoffe ist schon lange keine konstruktive mehr, im Sinne ihrer statischen Tragfähigkeit, sondern die Hauptfrage lautet heute in der Regel längst, welche Wärmedämmwirkung sie erreichen. Und da gibt es erhebliche Unterschiede.

Beispiel: Um die gleiche Dämmwirkung einer 2,5 cm starken Dämmmatte zu erreichen, benötigen Sie beispielsweise entweder 6 cm starke Leichtbausteine, 6,5 cm starke Nadelholzelemente, 29 cm starke Hochlochziegel oder 100 cm Beton.

Wer also sinnvoll baut, wird immer Materialien kombinieren, z. B. Beton, eine Dämmmatte und eventuell davor noch Klinker oder Holz plus Dämmung etc.

Der so genannte Außenwandaufbau und die damit erzielte Dämmung Ihres Hauses wird sich direkt in Ihren Heizkosten niederschlagen. Es ist daher sehr sinnvoll, sich intensiv mit dieser Thematik auseinander zu setzen. Unabhängig von den gewählten Baumaterialien macht die Energieeinsparverordnung (EnEV) Mindestvorgaben hinsichtlich der Dämmwerte der Gebäudehülle.

Die wirkliche Bauqualität eines Hauses erkennen Sie oft eben nicht an seinen Fassadenansichten, sondern gerade an seinen Schnitten. Hier offenbart sich Ihnen die Dämmqualität der Wand und mit welchen Mitteln Sie erreicht wird, ebenso wie der Schallschutz oder die Abdichtung

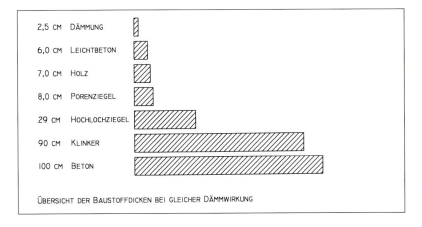

Abb. 20:
Baustoffdicken

Was ist der U-Wert?

Der U-Wert von Baustoffen und Bauteilen im Bereich der Außenhülle spielt für die Energiekosten beim Unterhalt des Gebäudes eine wichtige Rolle, weshalb er nachfolgend kurz und vereinfacht erläutert werden soll.

Alle Baustoffe und Bauteile verfügen über einen so genannten **Wärmedurchlasswiderstand**, das heißt, sie behindern mehr oder weniger den Durchfluss von Wärme von der einen Bauteilseite zur anderen. Genauso haben alle Baustoffe und Bauteile auch eine **Wärmeleitfähigkeit**, das heißt, sie leiten Wärme von der einen Bauteilseite zur anderen. Wärmedurchlasswiderstand und Wärmeleitfähigkeit sind voneinander abhängige Größen. Je größer der Widerstand, desto geringer die Leitfähigkeit und umgekehrt.

Zwei weitere wichtige Größen bei der Berechnung des U-Werts sind die **Wärmeübergangskoeffizienten** α_i (Innen) und α_a (Außen). Sie sind festgelegte Konstanten, die den Wärmeübergang vom beheizten Innenraum in das Außenbauteil und vom Außenbauteil in den kühlen Außenraum beschreiben.

Der U-Wert wird ermittelt, indem man die Zahl 1 durch die Summe der **Wärmedurchgangswiderstände** (Dicke geteilt durch Wärmeleitfähigkeit) der einzelnen Baustoffschichten sowie der beiden Wärmeübergangskoeffizienten an der Innenseite und Außenseite des Bauteils teilt.

Je kleiner der U-Wert eines Bauteils, desto besser seine wärmedämmenden Eigenschaften. *Beispiel:* eine ungedämmte Außenwand eines Hauses aus den 70er-Jahren kann einen U-Wert von ca. 1,6 haben. Durch die Montage eines Wärmedämm-Verbundsystem lässt sich dieser Wert erheblich verringern. Ein guter U-Wert für eine Außenwand liegt bei 0,28 bis 0,25, ein sehr guter bei 0,2 bis 0,1.

des Kellers gegen eindringendes Wasser bis hin zur Qualität des Dachaufbaus.

Ähnlich wie beim Keller ist es auch bei der Wahl des Hauptbaustoffes für ein Haus so, dass hier kulturelle oder emotionale Fragen eine Rolle spielen. So können z. B. aus dem Baustoff Holz Außenwände mit hervorragenden Dämmwerten erstellt werden, darüber hinaus ist er ein nachwachsender Rohstoff und führt in einer nachhaltig betriebenen Forstwirtschaft, wie sie in Deutschland seit über 200 Jahren betrieben wird, keinesfalls zu Kahlschlag, sondern unterstützt eine gesunde Waldwirtschaft. Trotzdem ist es für viele Bauherren ungewöhnlich, sich mit dem Gedanken anzufreunden, ein Haus aus Holz zu errichten, weil für sie der Inbegriff eines Hauses der Mauerstein ist. Je länger und je intensiver Sie sich allerdings mit den Baustoffen beschäftigen, um so vorurteilsfreier und differenzierter werden Sie die Dinge sehen können.

Bei der Wahl des Hauptbaustoffes sollten Sie immer mehrere Dinge im Auge haben: die Ökobilanz eines Baustoffs bereits während seiner Herstellung, seine Verarbeitbarkeit und Variabilität, seine Langlebigkeit und Qualität sowie seine Dämmwirkung und seinen Preis.

Für die Auswahl des Hauptbaustoffes hinsichtlich bauphysikalischer, baubiologischer und ökonomischer Gesichtspunkte sollten Sie sich in der Planungsphase Ihres Hauses ausreichend Zeit nehmen.

4.2.2 Die Haustechnik

Die Haustechnik wird in mancherlei Hinsicht beim Hausbau oft erst sehr spät, nämlich nach bereits erfolgter Einschaltung eines Architekten, beachtet. Außer im Falle sehr spezifischer Bauvorhaben wie Passivhäusern etc., wo sie grundsätzlichen Einfluss auf den gesamten Planungsprozess hat, ist sie nicht selten ein Stiefkind. Die Gebäudetechnik gliedert sich, grob gesagt, in drei Bereiche:

- Heizungstechnik

- Wasser- und Abwassertechnik

- Elektrotechnik.

Nehmen Sie sich unbedingt Zeit für diese Bereiche, um hier zu möglichst vorteilhaften Lösungen zu kommen und in Ruhe darüber nachdenken zu können. Bedenken Sie, dass Sie alle drei Gewerke nur unter erheblichem Aufwand später wieder revidieren können. Sparen Sie hier auch nicht am falschen Ende. Während Sie einen zunächst

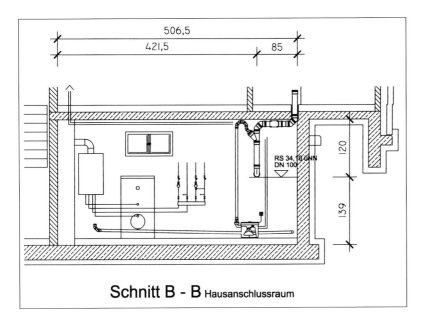

Abb. 21:
Planung Hausanschluss-raum

preiswerten Fußbodenoberbelag, wie z. B. einen lose verlegten Teppich oder Linoleumbelag, später relativ schnell und einfach wieder entfernen können, sieht dies bei einer Heizungsanlage schon anders aus. Hier sollte die Investition von Anfang an auf die Zukunft ausgerichtet sein.

Es ist bei den Überlegungen zur Haustechnik natürlich von Vorteil, wenn Sie bereits frühzeitig wissen, wo Sie Ihr Haus bauen werden, und damit beispielsweise schon Informationen über Anschlussmöglichkeiten an Fernwärme oder Gas etc. haben. Nichtsdestotrotz können Sie aber sehr gut auch Alternativvarianten aufstellen, aus denen Sie dann später von Fall zu Fall auswählen können.

Bei dem Versuch, sich einen Überblick über die gegenwärtigen Möglichkeiten der Gebäudetechnik zu verschaffen, werden Sie schnell merken, dass es gerade dieses Gebiet ist, das Sie möglicherweise bislang am wenigsten beachtet haben, das Sie hinsichtlich der Vorauswahl aber mit die meiste Zeit kosten wird.

Ein sehr sinnvoller Weg, sich hier zu informieren und einen Marktüberblick zu erhalten, ist es, diesbezügliche Baufachmessen in Deutschland aufzusuchen und sich hier einen Überblick über den Stand der Technik zu verschaffen. Diese sind meist an einem Tag für das allgemeine Publikum geöffnet. Sehr gut kann man einen ersten Einstieg aber auch über entsprechende Fachliteratur gewinnen.

Heizungs- und Sanitärtechnik

Sowohl bei der Heizungstechnik als auch bei der Sanitärtechnik geht es im Grunde nur um das Aufheizen und den Transport des Mediums Wasser, einmal zur indirekten Nutzung des Wassers als Wärmespeichermedium, z. B. in Heizkörpern, und einmal zur direkten Nutzung als Warmwasser, z. B. zum Duschen. Die eigentliche Heizanlage, der so genannte Brenner, ist das Gerät, in dem zumeist Erdöl oder Erdgas, immer öfter aber auch Holzpellets oder Holzschnitzel verbrannt werden, um mit dieser Hitze das Speicher- und Trägermedium (Wasser) zu erwärmen.

Ein klassisches Heizsystem ist aus den folgenden Bausteinen aufgebaut:

- Tank und Ölzuführung (bei Ölheizung), Gaszuführung (bei Gasheizung), Holzlagerraum und Zuführung (bei Holzpellet- oder Holzschnitzelanlage)
- der Brenner (zur Verbrennung des Heizstoffes)
- der Heizkessel (zur Erwärmung des Heizwassers)
- die Heizungspumpen (zur Verteilung des Heizwassers in Rohre und Heizkörper)
- die Heizungsrohre (zur Zu- und Abführung des Heizwassers an/von den Heizkörpern)
- die Wärmeabgabeflächen (z. B. Heizkörper oder Fußbodenheizung)
- die Sicherheitseinrichtungen (z. B. Ausdehnungsgefäß zur Aufnahme entstehenden Überdrucks, und Sicherheitsventile, durch die bei geschlossenen Systemen Überdruck entweichen kann).

Bei der Auswahl der Anlage sollten drei Dinge beachtet werden:

- die lokalen Gegebenheiten (z. B. Gas- oder Fernwärmeanschluss vor Ort)
- die ökologische Seite der Anlage (z. B. Holzpellets statt Öl)
- die ökonomische Seite der Anlage (z. B. Kosten der Anlage und Wartungsaufwand).

Als erstes müssen Sie die Möglichkeiten der Energieversorgung vor Ort kennen. Gibt es die Möglichkeit einer Gasversorgung oder den Anschluss an ein Fernwärmenetz, können Sie beispielsweise die Anlage darauf ausrichten, sodass Öl als Energieträger wegfallen kann. Hier empfiehlt sich auch eine Beratung durch die örtlichen Stadtwerke. Al-

Die Baubeschreibung 4.2

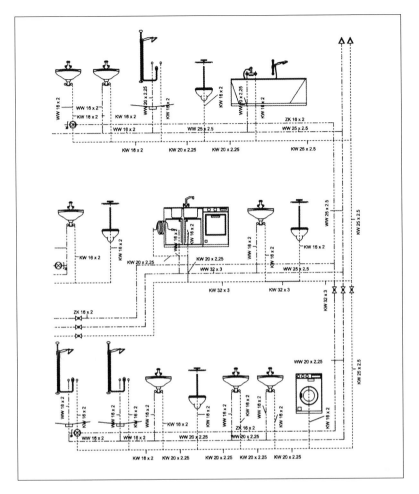

Abb. 22:
Sanitärplanung

ternativ zu den klassischen Energieträgern Öl und Gas kommt zunehmend auch Holz in Form von Pellets oder Holzschnitzeln zum Einsatz.

Ein weiterer wichtiger Baustein, der Einfluss auf den gesamten Planungsprozess hat, sind die Wärmeabgabeflächen. Hier gibt es mittlerweile viele Varianten, z. B.:

- Heizkörper

- Fußbodenheizung

- Wandheizung

- Deckenheizung.

Alle Systeme haben Vor- und Nachteile, sodass die Entscheidung meist davon abhängt, welche Vorteile dem Bauherrn wichtig sind, und welche Kompromisse er dafür eingeht.

Beispiel: Die Fußbodenheizung hat den Vorteil, dass Sie unsichtbar ist und aufgrund der großen Fläche mit geringen Temperaturen betrieben werden kann. Nachteilig sind die längeren Reaktionszeiten gegenüber Heizkörpern, bei Schäden ein erheblicher Reparaturaufwand (Öffnen des Bodens) und eine Festlegung auf bestimmte Fußbodenbeläge (z. B. Fliesen).

Lassen Sie sich ausführlich beraten, bevor Sie eine Entscheidung für ein System treffen.

Auch bei der Leitungsführung sollten ggf. notwendige Reparaturen berücksichtigt werden. Alle Leistungen, die unter dem Estrich verlaufen, verursachen erhebliche Folgeschäden durch Wasseraustritt. Soweit möglich, sollten alternative Wege bei der Planung berücksichtigt werden.

Die Entscheidung für ein spezielles Haussystem wie z. B. das Passivhaus kann ebenfalls Einfluss auf die gesamte Haustechnik haben, weil in diesem Beispiel die Gebäudehülle so gut gedämmt ist, dass eine klassische Heizungsanlage überflüssig wird, und statt dessen eine geregelte Lüftungsanlage mit Wärmerückgewinnung zum Einsatz kommt. Das Prinzip einer solchen Anlage beruht darauf, dass die Frischluft, die ins Haus eingeblasen wird, über einen Wärmetauscher mit der Wärme aus der Abluft des Hauses vorgewärmt wird, und so ein Großteil der Wärme im Haus bleibt.

Elektrotechnik

Im Elektrobereich gibt es ebenfalls längst eine große Variationsbreite an Ausstattungsmöglichkeiten. Dies hängt aber stark davon ab, wie umfangreich Sie Ihr Haus ausstatten wollen, z. B. hinsichtlich elektrischer Rollläden, Alarmanlage, Klimaanlage etc. Eine normale Standard-Elektroausführung eines Einfamilienhauses ist sehr gut planbar und überschaubar.

Eine Übersicht über den erforderlichen Umfang der Elektroplanung können Sie sich hervorragend über die Auflistung der von Ihnen benötigten elektrischen Geräte verschaffen. Also z. B. Lampen, Steckdosen (wo, wie viele?), Waschmaschine, Fernseher, Radio (wo, wie viele?), Elektroherd, Kühlschrank etc. Hieraus können Sie einen ersten, einfachen Elektroplan entwickeln, indem Sie einfach Ihre spezifischen Wünsche in die Grundrisspläne eines Architektenentwurfs oder eines Fertighaustyps oder auch eines Bauträgerplans einzeichnen. Daraus kann man dann sehr einfach die endgültige Elektroplanung entwickeln.Grundsätzlich gibt es zwei tatsächliche Unterschiede: Zum einen gibt es die einfachen, herkömmlichen Elektroausstattungsvarianten und zum anderen so genannte BUS-Systeme, die Ihnen eine integrative Elektroplanung ermöglichen, bei der die verschiedenen Geräte z. B. auch in Abhängigkeit voneinander bzw. Zuordnung zueinander gesteuert werden können.

Dies kann Vorteile haben, wenn Sie z. B. eine zentrale Schaltstelle für verschiedene Geräte haben wollen oder komplexe Elektroeinrichtungen planen. Diese Anlagen sind für eine Standard-Elektroversorgung aber nicht zwingend notwendig. Eines aber sollten Sie hinsichtlich der Elektroausstattung nie vergessen:

Lassen Sie genug Leerrohre ziehen, um später eventuelle Nachrüstungen vornehmen zu können. Achten Sie hierbei aber unbedingt darauf, dass durch die Verlegung von Leerrohren keine „Schalltunnel" entstehen, die Ihnen später den Lärm aus dem Hobbyraum durch die Decke direkt ins Schlafzimmer tragen.

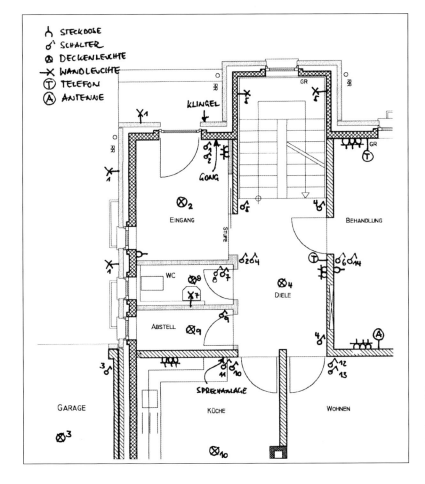

Abb. 24:
Vorüberlegungen zur Elektroplanung. Tragen Sie Ihre Wunschausstattung in die Pläne ein.

4.2.3 Aufbau einer Baubeschreibung

Wenn Sie sich über die zur Verwendung kommenden Baumaterialien und die gewünschte Haustechnik klar geworden sind, sollten Sie dies in einer Baubeschreibung zusammenfassen. Sie ist die Grundlage für die Kostenkalkulation des Architekten und für die einzelnen Gewerkeausschreibungen. Die nachfolgende Checkliste ist ein Gliederungsvorschlag für eine Baubeschreibung, die mindestens die nachfolgenden Fragen beantworten sollte.

Checkliste Baubeschreibung

Rohbau

Baustelleneinrichtung

☐ Welche Sicherungsmaßnahmen wie Zäune, Absperrungen, Beleuchtung usw. müssen getroffen werden?
☐ Müssen Maßnahmen getroffen werden, damit das Grundstück für den Baustellenverkehr erreichbar ist?
☐ Wo kann ein WC aufgestellt werden?
☐ Sind zusätzlich Tagesunterkünfte während des Rohbaus nötig?
☐ Wo kann Baustrom während der Bauzeit bezogen werden?
☐ Wo kann Bauwasser während der Bauzeit bezogen werden?
☐ Sind Baumschutzmaßnahmen auf dem Grundstück erforderlich?

Erdarbeiten

☐ Sind Sicherungsmaßnahmen an benachbarten Bäumen und Gebäuden nötig?
☐ Kann der Oberboden auf dem Grundstück gelagert werden?
☐ Ist das Aushubmaterial für eine spätere Wiederverfüllung geeignet und kann es auf dem Grundstück zwischengelagert werden?
☐ Ist für die Verfüllung der Baugrube die Anfuhr geeigneten Materials nötig?
☐ Müssen Bodenbelastungen besonders entsorgt werden?

Gründung und Bodenplatte

☐ Erfolgt die Gründung als Plattengründung oder mittels Fundamenten?
☐ Wie ist der Schichtenaufbau unter der Bodenplatte?
☐ Liegt die Wärmedämmung beheizter Kellerräume oberhalb oder unterhalb des Kellerbodens?

Kellerwände und Abdichtung gegen nichtdrückendes Wasser

☐ Aus welchem Material sind die Kellerwände?
☐ Wo liegt die Wärmedämmung beheizter Kellerräume?
☐ Auf welche Weise erfolgt die Abdichtung gegen Feuchtigkeit?
☐ Aus welchem Material sind die Kellerinnenwände?

Drainage
☐ Wie wird die Drainage ausgeführt?

Kellerfenster und Lichtschächte
☐ Aus welchem Material sind Kellerfenster unbeheizter Räume?
☐ Aus welchem Material sind Kellerfenster beheizter Räume?
☐ Aus welchem Material sind die Lichtschächte?

Außenwände allgemein
☐ In welcher Weise werden die Außenwände ausgeführt?
☐ Welche Materialien werden verwendet?

Decken
☐ Auf welche Weise werden die einzelnen Geschossdecken ausgeführt?
☐ Welche Materialien werden verwendet?

Innenwände in Erdgeschoss, Obergeschoss und Dachgeschoss
☐ Aus welchem Material sind die tragenden Innenwände?
☐ Aus welchem Material sind die nichttragenden Innenwände?

Innentreppe
☐ Aus welchem Material wird die Innentreppe ausgeführt?
☐ Wie viel Stufen haben die einzelnen Läufe?
☐ Wie ist das Steigungsverhältnis der Treppenläufe (Auftritt und Steigung)?
☐ Werden Zwischenpodeste ausgeführt?
☐ Aus welchem Material ist der Oberbelag der Treppe?
☐ Aus welchem Material sind die Brüstung und der Handlauf?
☐ Wie wird der Zugang in einen eventuellen Spitzboden hergestellt?

Dachkonstruktion
☐ In welcher Konstruktion wird der Dachstuhl ausgeführt?
☐ Welche Dachneigung hat der Dachstuhl?
☐ Aus welchem Material bestehen die Mittelpfetten (z. B. Leimbinder)
☐ Welche Holzquerschnitte sind vorgesehen?
☐ Welche Dachüberstände sind geplant?
☐ Werden sichtbare Sparrenköpfe gehobelt oder profiliert?
☐ In welcher Weise wird die Untersicht der Dachüberstände ausgeführt und mit welchen Oberflächenbehandlungen werden sie versehen?

Dachdämmung

☐ Aus welchem Material besteht die Dachdämmung (Material, Dicke, Wärmeleitfähigkeit)?
☐ Wie ist der Dämmschichtaufbau (Sparren-Zwischendämmung, Oberhalb der Sparren, unterhalb der Sparren)?
☐ Aus welchem Material ist die Dampfbremse?

Raumseitige Innenverkleidung der Dachschrägen

☐ Aus welchem Material ist die Verkleidung der Dachschrägen?
☐ Aus welchem Material ist die Unterkonstruktion?

Dachdeckung

☐ Aus welchem Material ist die Dachdeckung?
☐ Auf welche Weise werden Ortgänge, First, Dachentlüftungen ausgeführt?

Dachzubehör

☐ Werden Schneefanggitter, Sicherheitstritte oder ein Standrost für den Schornsteinfeger benötigt?
☐ Wird ein spezielles Austrittsfenster für den Schornsteinfeger benötigt?

Balkon

☐ Ist ein Balkon vorgesehen?
☐ Wie wird der Balkon ausgeführt?
☐ Wie wird die Abdichtung des Balkons ausgeführt?
☐ Wie wird der Balkon entwässert?
☐ Welcher Oberbelag wird verwendet?
☐ Wie wird das Balkongeländer ausgeführt?

Klempner- bzw. Blechnerarbeiten

☐ Aus welchem Material sind Dachrinnen, Fallrohre, Kehlbleche?
☐ Mit welchem Material werden Gauben verkleidet?
☐ Aus welchem Material sind die Befestigungsmittel und -elemente?

Ausbau

Fenster und Fenstertüren, Fensterbänke

☐ Aus welchem Material sind Fenster und Fenstertüren (Holz, Kunststoff, Aluminium)?
☐ Welche Qualität hat die Verglasung (U-Wert, Schalldämm-Maß, Einbruchschutz)?
☐ Welche Beschläge kommen zum Einsatz (Dreh-Beschlag, Dreh-Kipp-Beschlag)?
☐ Wie werden die Zwischenräume zwischen Fenster und Bauwerk gefüllt?

- ☐ Wie wird die Luftdichtigkeit des Bauwerksanschlusses hergestellt?
- ☐ Welche Fenstergriffe werden verwendet?
- ☐ Wie werden die Außenfensterbänke ausgeführt (Material, Tiefe)?
- ☐ Wie werden die Innenfensterbänke ausgeführt (Material, Tiefe)?

Rollladenkästen, Rollläden
- ☐ Welche Rollläden kommen zum Einsatz?
- ☐ Wo kommen Rollläden zum Einsatz?
- ☐ Wie werden die Rollläden bedient?
- ☐ Sind elektrische Rollläden vorgesehen?
- ☐ Sind Außenmarkisen geplant?

Hauseingangsbereich
- ☐ Soll ein Vordach vorgesehen werden?
- ☐ Aus welchem Material ist das Vordach?
- ☐ Aus welchem Material sind Briefkasten, Hausnummer, Beleuchtung?
- ☐ Wie soll das Eingangspodest ausgeführt werden?
- ☐ Was für ein Hauseingangstürelement kommt zum Einsatz (Material, U-Wert bei Verglasung, Beschläge, Schloss, Griffe außen und innen)?

Haustechnik

Telefon, Antenne, Klingelanlage, Elektroinstallation
- ☐ In welchen Räumen soll ein Telefonanschluss vorgesehen werden?
- ☐ In welchen Räumen soll ein Antennenanschluss vorgesehen werden?
- ☐ Welche Klingelanlage kommt zum Einsatz (Typ, Hersteller, Kamerafunktion)?
- ☐ Wie viele Gegensprechstellen für die Klingelanlage sollen vorgesehen werden?

Elektroinstallation
- ☐ Wie viele Schalter und Steckdosen werden benötigt?
- ☐ Welches Schalterprogramm kommt zum Einsatz?
- ☐ Wie viele Deckenauslässe für Lampen werden benötigt?
- ☐ Wie viele Wandauslässe für Lampen werden benötigt?
- ☐ Werden Außensteckdosen benötigt?
- ☐ Werden Dimmer oder Taster benötigt?

Heizungsinstallation
- ☐ Welches Heizmedium kommt zum Einsatz (Öl, Gas, Fernwärme, Holz)?
- ☐ Welcher Brenner kommt zum Einsatz?
- ☐ Wo wird das Gerät aufgestellt?
- ☐ Wie werden die Räume beheizt (Heizkörper, Fußbodenheizung, Wandheizung)?
- ☐ Aus welchem Material sind die Heizwasserleitungen?

Warmwasserbereitung

☐ Wie wird das Warmwasser erwärmt?
☐ Ist eine Solaranlage vorgesehen?
☐ Aus welchem Material sind die Wasserleitungen? — *wie Hera, Kunststoff-Verbund*
☐ Wie groß ist der Warmwasserspeicher? — *300 l*

Wasserableitungen

☐ Aus welchem Material sind die Abflussrohre? — *Kunststoff*
☐ Wie ist die Schallentkopplung der Leitungen vorgesehen?
☐ Sind Bodeneinläufe vorgesehen (Waschküche)?

Wasserzuleitungen

K — nicht erford. — keine Mulde

☐ Aus welchem Material sind die Zuleitungen? — *Leitge sind gedämmt*
☐ Wie ist die Schallentkopplung der Leitungen vorgesehen? — *Schall dämm unterlage*
☐ Ist eine Zirkulationsleitung vorgesehen?
☐ Wird eine Außenzapfstelle benötigt?

Gäste-WC

☐ Welche Sanitärgegenstände kommen im Gäste-WC zum Einsatz (WC, Klosettsitz, Urinal, Toilettenpapierhalter, Waschbecken, Einhand-Waschtischbatterie, Handtuchhalter, Ablage, Kristallspiegel)?
☐ Von welchem Hersteller aus welcher Serie sind die Gegenstände?

Badezimmer

☐ Welche Sanitärgegenstände kommen im Badezimmer zum Einsatz (WC, Klosettsitz, Toilettenpapierhalter, Waschbecken, Badewanne, Dusche, Duschtrennwand, Einhand-Waschtischbatterie für Dusche, Badewanne und Waschbecken, Handbrausegarnitur mit Stange, Handtuchhalter, Ablage, Kristallspiegel)?
☐ Von welchem Hersteller aus welcher Serie sind die Gegenstände?

Küche

☐ Wie viele Anschlüsse werden benötigt (Geschirrspülmaschine, Spüle)?

Waschküche

☐ Welche Gegenstände werden benötigt (Ausgussbecken, Einhand-Spültisch-Wandbatterie)?
☐ Wie viele Anschlüsse werden benötigt (Waschmaschine, Ausgussbecken)?

Innenausbau

Innenputz
- In welchen Räumen werden Wände bzw. Decken verputzt?
- Aus welchem Material ist der Innenputz?

Estrich
- Aus welchem Material ist der Estrich (Zementestrich, Anhydritestrich, Gussasphaltestrich)?
- Wie ist der Estrich aufgebaut (Schwimmender Estrich, Verbundestrich, Estrich auf Trennlage)?

Trockenbau
- Aus welchem Material erfolgen die Trockenbauarbeiten an Dachschrägen, Installationsschächten usw.)?

Innentüren
- Aus welchem Material sind die Innentüren?
- Welche Anforderungen werden an die Innentüren gestellt (Schallschutz, Wärmeschutz)?
- Von welchem Hersteller sind die Innentüren?
- Welche Drückergarnituren kommen zum Einsatz?

Fliesenarbeiten
- Wo werden Bodenfliesen verlegt?
- Wo werden Wandfliesen verlegt?
- Wie hoch werden Wandfliesen verlegt?
- Welche Fliesen kommen zum Einsatz?
- Aus welchem Material sind die Sockel?
- Kommen Sonderfliesen zum Einsatz?

Parkettarbeiten
- Welches Material kommt zum Einsatz (Fertigparkett, massives Parkett)?
- In welchen Räumen wird Parkett verlegt?
- Wie werden die Sockel ausgebildet?

Malerarbeiten, Innen und Außen
- Welche Wände werden tapeziert?
- Welche Decken werden tapeziert?
- Welche Flächen werden gestrichen?
- Müssen Geländer oder Dachüberstände gestrichen werden?
- Welche Tapeten werden verwendet?
- Welche Farbe wird verwendet?

Teppicharbeiten
☐ Welches Material kommt zum Einsatz?
☐ In welchen Räumen wird Teppich verlegt?
☐ Wie werden die Sockel ausgebildet?
☐ Wie wird der Teppich verlegt (verklebt, verspannt)?

Außenbereich

Terrasse
☐ Wie wird die Terrasse ausgeführt (Holz, Stein, Fliesen)?
☐ Wie ist der genaue Bodenaufbau?
☐ Wie groß ist die Terrasse?

Wintergarten
☐ Aus welchem Material ist die Konstruktion des Wintergartens?
☐ Wie groß ist der Wintergarten?

Außenanlage
☐ Wie soll die Außenanlage ausgeführt werden (Rasen, Pflanzen, Büsche, Bäume)?
☐ Werden Wege im Garten vorgesehen?
☐ Aus welchem Material sind Wege und Unterbau?
☐ Werden Zäune an der Grundstücksgrenze vorgesehen?
☐ Aus welchem Material sind Zäune und Gartentor (Holz, Metall)?
☐ Wie wird der PKW-Stellplatz ausgebildet (Garage, Carport, einfacher Stellplatz)?

4.3 Kostenermittlung und Kostenkontrolle

Sie werden es aus Ihrem persönlichen Umfeld oder aus Pressemeldungen kennen: Kaum ein Bauvorhaben, dessen Kosten nicht plötzlich und unerwartet gestiegen sind. Die Einhaltung des vereinbarten Kostenrahmens ist der wichtigste Punkt beim Planen und Bauen, Kostenüberschreitungen können schnell zu langfristigen Schwierigkeiten führen.

Deswegen ist es auch hier gut zu wissen, auf welcher Grundlage der Architekt die Kosten Ihres Hauses berechnet. Hierbei handelt es sich um die DIN 276 „Kosten im Hochbau" und die DIN 277 „Grundflächen und Rauminhalte von Bauwerken im Hochbau". Während die erstere das genaue Vorgehen bei den vier Schritten von der Kostenschätzung bis zur Kostenfeststellung umschreibt, hierbei insbesondere unter Beachtung der einzelnen Elemente eines Hauses, setzt sich die letztere mit den Definitionen zu Flächen- und Rauminhalten auseinander.

Erläuterungen zur DIN 276:

Die DIN 276 ist Grundlage der Ermittlung der Kosten im Hochbau. Sie unterteilt hierbei vier Schritte: Die Kostenschätzung, die Kostenberechnung, den Kostenanschlag und die Kostenfeststellung. Alle vier Schritte erfolgen auf der Grundlage so genannter Kostengruppen (KG), in denen sämtliche Bauteile eines Hauses gruppenweise zusammengefasst sind. Auf einer ersten Ebene für die Kostenschätzung sind dies:

KG 100:	Grundstück
KG 200:	Herrichten und Erschließen
KG 300:	Bauwerk – Baukonstruktion
KG 400:	Bauwerk – Technische Anlagen
KG 500:	Außenanlagen
KG 600:	Ausstattung und Kunstwerke
KG 700:	Baunebenkosten

In einer zweiten und dritten Ebene sind diese Kosten nochmals unterteilt. Um Ihnen einen Überblick zu geben, aus welchen so genannten „Grobelementen" ein Haus besteht und wie die DIN 276 diese untergliedert, ist nachfolgend die diesbezügliche Untergliederung für die Kostengruppe 300, Bauwerk, Baukonstruktion, sowie für die Kostengruppe 400, Kosten der technischen Anlagen des Bauwerks, wiedergegeben:

300 Bauwerk – Baukonstruktion

310 Baugrube
311 Baugrubenherstellung
312 Baugrubenumschließung
313 Wasserhaltung
319 Baugrube, sonstiges

320 Gründung
321 Baugrundverbesserung
322 Flachgründungen
323 Tiefgründungen
324 Unterböden und Bodenplatten
325 Beläge auf Boden- und Fundamentplatten
326 Bauwerksabdichtungen
327 Dränagen
329 Gründung, sonstiges

330 Außenwände
331 Tragende Außenwände
332 Nichttragende Außenwände
333 Tragende Außenstützen
334 Außentüren, -fenster
335 Außenwandbekleidungen außen
336 Außenwandbekleidungen innen
337 Elementierte Außenwände
338 Sonnenschutz
339 Außenwände, sonstiges

340 Innenwände

341	Tragende Innenwände	345	Innenwandbekleidungen
342	Nichttragende Innenwände	346	Elementierte Innenwände
343	Tragende Innenstützen	349	Innenwände, sonstiges
344	Innentüren, -fenster		

350 Decken

351	Deckenkonstruktion	353	Deckenbekleidungen
352	Deckenbeläge	359	Decken, sonstiges

360 Dächer

361	Dachkonstruktion	364	Dachbekleidungen
362	Dachfenster, Dachöffnungen	369	Dächer, sonstiges
363	Dachbeläge		

370 Baukonstruktive Einbauten

371	Allgemeine Einbauten	379	Baukonstruktive Einbauten, sonstiges
372	Besondere Einbauten		

390 Sonstige Maßnahmen für Baukonstruktion

391	Baustelleneinrichtung	396	Recycling, Zwischendeponierung und Entsorgung
392	Gerüste	397	Schlechtwetterbau
393	Sicherungsmaßnahmen	398	Zusätzliche Maßnahmen
394	Abbruchmaßnahmen	399	Sonstige Maßnahmen für Baukonstruktion, sontiges
395	Instandsetzungen		

400 Bauwerk – Technische Anlagen

410 Abwasser-, Wasser-, Gasanlagen

411	Abwasseranlagen	414	Feuerlöschanlagen
412	Wasseranlagen	419	Abwasser-, Wasser- und Gasanlagen, sonstiges
413	Gasanlagen (wenn zu Kochzwecken)		

420 Wärmeversorgungsanlagen

421	Wärmeerzeugungsanlagen	423	Raumheizflächen
422	Wärmeverteilnetze	429	Wärmeversorgungsanlagen, sonstiges

430 Lufttechnische Anlagen

431	Lüftungsanlagen (LA)	434	Prozesslufttechnische Anlagen (PLA)
432	Teilklimaanlagen (TKA)	435	Kälteanlagen (KA)
433	Klimaanlagen (KLA)	439	Lufttechnische Anlagen, sonstiges

440 Starkstromanlagen

- 441 Hoch- und Mittelspannungsanlagen
- 442 Eigenstromversorgungsanlagen
- 443 Niederspannungsschaltanlagen
- 444 Niederspannungsinstallationsanlagen
- 445 Beleuchtungsanlagen
- 446 Blitzschutz- und Erdungsanlagen
- 449 Starkstromanlagen, sonstiges

450 Fernmelde- und informationstechnische Anlagen

- 451 Telekommunikationsanlagen
- 452 Such- und Signalanlagen
- 453 Zeitdienstanlagen
- 454 Elektroakustische Anlagen
- 455 Fernseh- und Antennenanlagen
- 456 Gefahrenmelde- und Alarmanlagen
- 457 Übertragungsnetze
- 459 Fernmelde- und informationstechnische Anlagen, sonstiges

460 Förderanlagen

- 461 Aufzugsanlagen
- 462 Fahrtreppen, Fahrsteige
- 463 Befahranlagen
- 464 Transportanlagen
- 465 Krananlagen
- 469 Förderanlagen, sonstiges

470 Nutzungsspezifische Anlagen

- 471 Küchentechnische Anlagen
- 472 Wäscherei- und Reinigungsanlagen
- 473 Medienversorgungsanlagen
- 474 Medizintechnische Anlagen
- 475 Labortechnische Anlagen
- 476 Badetechnische Anlagen
- 477 Kälteanlagen
- 478 Entsorgungsanlagen
- 479 Nutzungsspezifische Anlagen, sonstiges

480 Gebäudeautomation

- 481 Automationssysteme
- 482 Leistungsteile
- 483 Zentrale Einrichtungen
- 489 Gebäudeautomation, sonstiges

490 Sonstige Maßnahmen für technische Anlagen

- 491 Baustelleneinrichtung (TA)
- 492 Gerüste (TA)
- 493 Sicherungsmaßnahmen (TA)
- 494 Abbruchmaßnahmen (TA)
- 495 Instandsetzungen (TA)
- 496 Recycling, Zwischendeponierung und Entsorgung (TA)
- 497 Schlechtwetterbau (TA)
- 498 Zusätzliche Maßnahmen (TA)
- 499 Sonstige Maßnahmen für technische Anlagen, sonstiges

Diese Kostengruppen sind die Basis für alle Schritte der Kostenvoraussage bei Ihrem Hausbau. In Kombination mit Baukostenrichtwerten, die einen Durchschnittswert aus Baukosten der vergangenen Jahre beinhalten, lassen sich unter Hinziehung der Grundflächen und des Volumens sowie der verwendeten Materialien und der Haustechnik näherungsweise die vermutlichen Baukosten ermitteln.

Die Baukostenermittlung kann genauso auch gewerkeweise erfolgen. Diese ausführungsorientierte Gliederung hat den Vorteil, dass die geschätzten Baukosten nachvollziehbar geprüft werden können, indem beispielsweise Kostenvoranschläge durch Handwerksunternehmen eingeholt werden können.

Steht beispielsweise die Gesamtquadratmeterzahl für Ihr Haus fest, können Sie diese nun einem Estrichleger für einen ersten Kostenvoranschlag vorlegen. Oder aber Sie holen bei verschiedenen Unternehmen die Quadratmeterpreise ein und legen diese rechnerisch auf Ihr Bauvorhaben um.

Gibt es große Abweichungen zu den Angaben in der Kostenschätzung des Architekten, können Sie gemeinsam mit ihm die Gründe dafür besprechen. Diese Vorgehensweise eignet sich für fast alle Gewerke und gibt Ihnen frühzeitig eine Rückinformation über die aktuellen Baupreise.

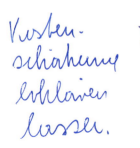

Kostenschätzung erklären lassen.

Eine höhere Kostensicherheit besteht, wenn Sie die Kostenschätzung des Architekten für Ihr Bauvorhaben nochmals unabhängig prüfen lassen. Mit dieser speziellen Aufgabe können Sie beispielsweise ein zweites Büro betrauen, mit dem Sie einen spezifischen, ausschließlich diesbezüglichen Vertrag vereinbaren. Daher kann es sinnvoller sein, dass Sie sich von Ihrem Architekten seine Kostenschätzung im Detail erläutern lassen und er Ihnen erklärt, wie er zu seinen Zahlen kommt.

In der Entwurfsphase ist es noch einfach, „abzuspecken" oder sich darüber Gedanken zu machen, welche Leistungen eventuell zu einem späteren Zeitpunkt ausgeführt werden können.

Bei der Ermittlung der Baukosten nach DIN 276 geht man in vier Schritten vor:

Kostenschätzung

In der ersten Planungsphase erstellt der Architekt anhand der Vorentwürfe eine Kostenschätzung. Grundlagen für diese erste Kostenschätzung sind:

- erste Planungsunterlagen
- Mengenberechnungen entsprechend den Kostengruppen in der ersten Ebene
- planerische und baukonstruktive Bedingungen
- Informationen über Baugrundstück und Erschließung etc.

Kostenermittlung und Kostenkontrolle 4.3

Die gewerkeweise Gliederung der Kostengruppen 300 und 400 sieht folgendermaßen aus:

Kostenberechnung — DIN 276/06.93

Variante zur Kostengruppe 300 – Bauwerk-Baukonstruktion
Ausführungsorientierte Gliederung (DIN 276/6.93, Ziffer 4.2)

Nr.	Leistungsbereich	Teilbetrag netto / brutto EUR	Gesamtbetrag netto / brutto EUR
300.000	Baustelleneinrichtung		
300.001	Gerüstarbeiten		
300.002	Erdarbeiten		
300.006	Verbau-, Ramm-, Einpressarbeiten		
300.010	Dränarbeiten		
300.012	Mauerarbeiten		
300.013	Beton- und Stahlbetonarbeiten		
300.014	Naturwerkstein-, Betonwerksteinarbeiten		
300.016	Zimmer- und Holzbauarbeiten		
300.017	Stahlbauarbeiten		
300.018	Abdichtungsarbeiten gegen Wasser		
300.020	Dachdeckungsarbeiten		
300.021	Dachabdichtungsarbeiten		
300.022	Klempnerarbeiten		
300.023	Putz- und Stuckarbeiten		
300.024	Fliesen- und Plattenarbeiten		
300.025	Estricharbeiten		
300.027	Tischlerarbeiten		
300.028	Parkettarbeiten, Holzpflasterarbeiten		
300.029	Beschlagarbeiten		
300.030	Rollladenarbeiten		
300.031	Metallbauarbeiten, Schlosserarbeiten		
300.032	Verglasungsarbeiten		
300.033	Gebäudereinigungsarbeiten		
300.034	Maler- und Lackierarbeiten		
300.036	Bodenbelagarbeiten		
300.037	Tapezierarbeiten		
300.039	Trockenbauarbeiten		
300.			
300.			
300.			
	Summe 300		

Abb. 25: KG300*

* Wiedergegeben mit Erlaubnis des DIN Deutsches Institut für Normung e.V.
  Maßgebend für das Anwenden der DIN-Norm ist deren Fassung mit dem neuesten Ausgabedatum, die bei der Beuth Verlag GmbH, Burggrafenstraße 6, 10787 Berlin, erhältlich ist.

4 Grundlagenermittlung zur Baugenehmigung

Kostenberechnung		**DIN 276/06.93**
Variante zur Kostengruppe 400 – Bauwerk-Baukonstruktion Ausführungsorientierte Gliederung		(DIN 276/6.93, Ziffer 4.2)

Nr.	Leistungsbereich	Teilbetrag netto / brutto EUR	Gesamtbetrag netto / brutto EUR
400.000	Baustelleneinrichtung		
400.001	Gerüstarbeiten		
400.002	Erdarbeiten		
400.009	Entwässerungskanalarbeiten		
400.040	Heizungs- und zentrale Brauchwassererwärmungsanlagen		
400.042	Gas- und Wasserinstallation - Leitungen und Armaturen		
400.043	Druckrohrleitungen für Gas, Wasser und Abwasser		
400.044	Abwasserinstallationsarbeiten - Leitungen, Abläufe		
400.045	Gas-, Wasser-, und Abwasserinst.-Arb. - Einricht.-Gegenst.		
400.046	Gas-, Wasser-, und Abwasserinst.-Arb. - Betr.-Einrichtungen		
400.047	Wärme- und Kältedämmarbeiten an betriebstechn. Anlagen		
400.049	Feuerlöschanlagen, Feuerlöschgeräte		
400.050	Blitzschutz- und Erdungsanlagen		
400.051	Bauleistungen für Kabelanlagen		
400.052	Mittelspannungsanlagen		
400.053	Niederspannungsanlagen		
400.055	Ersatzstromversorgungsanlagen		
400.056	Batterien		
400.058	Leuchten und Lampen		
400.060	Elektroakustische Anlagen, Sprechanlagen, Personenrufanl.		
400.061	Fernmeldeleitungsanlagen		
400.063	Meldeanlagen		
400.065	Empfangsantennenanlagen		
400.067	Zentr. Leittechnik für betriebstechn. Anl. i. Gebäuden (ZLT-G)		
400.069	Aufzüge		
400.070	Regelung u. Steuerung f. heiz-, raumluft- und sanitärtechn. Anl.		
400.074	Raumlufttechn. Anlagen - Zentralgeräte u. deren Bauelemente		
400.075	Raumlufttechn. Anlagen - Luftverteilsysteme u. d. Bauelem.		
400.076	Raumlufttechn. Anlagen - Einzelgeräte		
400.077	Raumlufttechn. Anlagen - Schutzräume		
400.078	Raumlufttechnische Anlagen		
400.			
400.			
400.			
		Summe 400	

Abb. 26:
KG400*

* Wiedergegeben mit Erlaubnis des DIN Deutsches Institut für Normung e.V.
Maßgebend für das Anwenden der DIN-Norm ist deren Fassung mit dem neuesten Ausgabedatum, die bei der Beuth Verlag GmbH, Burggrafenstraße 6, 10787 Berlin, erhältlich ist.

Auf der Grundlage der Kostenschätzung wird in der Regel im Entwurfsprozess nachjustiert, wenn die voraussichtlichen Kosten zu hoch werden oder im anderen Fall noch Erweiterungsmöglichkeiten bestehen. Bei der Kostenschätzung sind allerdings noch viele Detailfragen offen und nicht endgültig entschieden. Sie befinden sich etwa im Stadium des Vorentwurfs/Entwurfs.

Kostenberechnung

Der nächste Schritt ist die Kostenberechnung. Grundlagen hierfür sind:

- der durchgeplante Entwurf
- Mengenberechnungen gemäß den Kostengruppen bis zur zweiten Ebene
- planerische und baukonstruktive Bedingungen
- materialspezifische Überlegungen
- vorhandenes Wissen zu Baugrundstück und Erschließung.

In dieser Phase wird das Baugesuch eingereicht.

Kostenanschlag

Erst mit Fertigstellung der Werkplanung und der damit einhergehenden Erstellung von Ausschreibungen und Einholung von Angeboten erfolgt der Kostenanschlag, der Ihnen eine recht verlässliche Auskunft über die tatsächlich zu erwartenden Baukosten verschafft. Zu diesem Zeitpunkt liegt Ihnen bereits die exakte Werkplanung und nahezu die gesamte Ausschreibung vor.

Grundlage für den Kostenanschlag sind im Wesentlichen die Preisvergleiche aus den eingeholten Angeboten von Bau- und Handwerksunternehmen.

Der Bau hat in dieser Phase begonnen, der Kostenanschlag wird Zug um Zug mit der Beauftragung der einzelnen Unternehmen ergänzt und fertiggestellt.

Kostenfeststellung

Die Kostenfeststellung schließlich dient dem Nachweis der tatsächlich entstandenen Kosten. Ihre Grundlagen sind:

- die Abrechnungsbelege mit den Unternehmen
- die Abrechnungsbelege sämtlicher Nebenkosten (Gebühren, Anschlüsse, etc).

4 Grundlagenermittlung zur Baugenehmigung

Tipp:

Nehmen Sie in die Kosten von Anfang an eine Position für Unvorhergesehenes mit auf. Eine Summe von ca. 10.000.- bis 15.000.- Euro von Beginn an mit im Kostenrahmen berücksichtigt zu haben, verschafft Ihnen einen Puffer für Leistungen, die eventuell nicht gleich erkennbar waren oder während der Planung oder Bauphase nötig wurden. Erfahrungsgemäß wird das Geld um Ende der Bauphase hin immer knapp, weil zusätzliche Wünsche auftauchen.

In dieser Phase ist das Gebäude vollendet und der Architekt stellt alle Kosten zusammen.

Es gehört mit zum Auftrag des Architekten, die einzelnen Kostenermittlungen daraufhin zu kontrollieren, ob es Kostenerhöhungen oder Einsparungen gibt. Ihr Architekt ist verpflichtet, Sie sofort zu informieren, wenn sich Kostenüberschreitungen abzeichnen. Zur Kostenkontrolle gehört der Abgleich zwischen Kostenschätzung und Kostenberechnung, zwischen Kostenberechnung und Kostenanschlag und zwischen Kostenanschlag und Kostenfeststellung.

Vergleich Kostenschätzung und Kostenberechnung am Beispiel der Kostengruppe 300

Kostenschätzung:

Kostengruppe	100 – Grundstück	3.400.- EUR
Kostengruppe	200 – Herrichten, Erschließen	14.800.- EUR
Kostengruppe	**300 – Bauwerk – Baukonstruktion**	**340.000.- EUR**
Kostengruppe	400 – Bauwerk – Technische Anlagen	63.900.- EUR
Kostengruppe	500 – Außenanlagen	39.900.- EUR
Kostengruppe	600 – Ausstattung und Kunstwerke	17.900.- EUR
Kostengruppe	700 – Baunebenkosten	49.000.- EUR

Gesamtkosten: 528.900.- EUR

Auszug aus der Kostenberechnung KG 300:

Baustelleneinrichtung	2.000.- EUR
Gerüstarbeiten	2.500.- EUR
Erdarbeiten	5.500.- EUR
Drainarbeiten (Grundwasserabsenkung)	10.000.- EUR
Mauerarbeiten	71.500.- EUR
Betonarbeiten	56.000.- EUR
Naturwerkstein	10.500.- EUR
Zimmererarbeiten	17.800.- EUR
Dachdeckungsarbeiten	16.900.- EUR
Dachabdichtungsarbeiten	2.100.- EUR
Klempnerarbeiten	5.100.- EUR
Putzarbeiten	8.700.- EUR
Fliesenarbeiten	12.800.- EUR
Estricharbeiten	4.600.- EUR
Tischlerarbeiten	16.900.- EUR
Parkettarbeiten	10.200.- EUR
Rollladenarbeiten	4.600.- EUR
Schlosserarbeiten	4.100.- EUR
Verglasungsarbeiten	16.400.- EUR
Malerarbeiten	9.200.- EUR
Bodenbelagsarbeiten	1.500.- EUR
Trockenbauarbeiten	11.800.- EUR
Haustüre	3.600.- EUR
Kachelofen	10.200.- EUR
Schreinerarbeiten, Ausstattung	15.500.- EUR
Unvorhergesehenes	10.000.- EUR
Summe Kostengruppe 300:	**340.000.- EUR**

Abb. 27:
Vergleich zwischen Kostenschätzung und Kostenberechnung am Beispiel der Kostengruppe 300 / Bauwerk

Keinesfalls vergessen werden sollten bei der Kostenberechnung die Honorarkosten für Architekt und Fachingenieure, kommunale Gebühren (z. B. bei der Baueingabe), Kosten für Anschlüsse von Strom, Wasser, Gas etc., Erschließungskosten, Kosten für Einbaumöbel (Küche, Einbauschränke) Kosten für die Außenanlage (Garten, Wege, Zäune etc.), sowie eventuell anfallende finanzielle Doppelbelastungen, resultierend aus der Tatsache, dass der von Ihnen geplante Umzugstermin nicht eingehalten werden kann.

4.4 Terminplanung

Die beste Zeit für das Bauen sind Frühsommer und Sommer, denn es kann äußerst problematisch sein, Rohbaugewerke im Winter durchzuführen. Beispielhaft seien hier Aushubprobleme aufgrund gefrorenen Bodens oder Probleme bei der Betonierung wegen zu niedrigen Außentemperaturen genannt.

Die Planung und Ausschreibung hingegen kann getrost im Herbst und Winter erfolgen. Es ist also ein guter Zeitpunkt, im Herbst des Vorjahres mit der Planung zu beginnen, wenn Sie im Sommer des Folgejahres bauen wollen. Wir empfehlen Ihnen, etwa ein Jahr vor Baubeginn das erste Gespräch mit Ihrem Architekten zu suchen. Wichtig für Sie als Bauherr ist, dass Sie von Anfang an mit Ihrem Architekten über die Terminplanung reden und diese auch in den Architektenvertrag mit aufnehmen. Hierbei sind insbesondere zu beachten:

- Planungszeiten für Vorentwurf und Entwurf mit Variantenbildung
- Erstellung des Baugesuchs
- Bearbeitungszeit des Baugesuchs durch die kommunalen Behörden
- Erstellung der Werk- und Detailplanung inklusive Einbindung aller benötigten Fachingenieure
- Erstellung der Leistungsverzeichnisse für alle Gewerke
- Einholen von Angeboten zum Preisvergleich mit anschließenden Vertragsverhandlungen und Vergabe
- Bauablauf gemäß der Gewerkefolge
- Pufferzeiten wegen evtl. Baustellenstillstände durch schlechtes Wetter, Insolvenzen, Planungsunklarheiten, Rechtsunsicherheiten etc.
- Urlaubszeiten und Handwerkerferien
- Zwischentermine wie Abnahmen, Richtfest etc.

Die größten Gefahren von Terminverzögerungen sind

- eine Vielzahl von Variantenbildungen des Entwurfs, weil der Bauherr nicht weiß was er letztlich will
- eine nicht sorgfältig angefertigte Baueingabe, die überarbeitet werden muss
- eine schleppende Prüfung durch die Behörden
- eine nicht sorgfältig angefertigte Werk- und Detailplanung, die zahlreiche Fragen offen lässt
- eine lückenhafte Ausschreibung mit ungenauen Formulierungen, Definitionen und Angaben
- Verzögerungen bei den Vertrags- bzw. Vergabeverhandlungen
- Insolvenzen von Handwerksunternehmen
- ein fehlender Bauzeitenplan und fehlende Fortschrittskontrolle
- nicht bedachte Ferienzeiten
- krankheitsbedingte Personalausfälle
- Probleme beim Bauaushub und eventueller Wasserhaltung
- unzuverlässige Handwerksunternehmen, die sich gegenseitig im Bauablauf stören
- Probleme bei der Lieferzeit von Materialien
- Witterungsprobleme.

Wichtig für Sie als Bauherr ist, dass Sie diese Problematik mit einkalkulieren und frühzeitig hierauf reagieren, z. B. indem Sie

- mit konkreten Vorstellungen zum Architekten kommen
- bereits im Architektenvertrag einen Zeithorizont vereinbaren, bis zu welchem Stichtag bestimmte Planungsleistungen abgeschlossen sein müssen
- die durchschnittlichen Prüfungszeiten für Baugenehmigungen bei Ihrer Kommune abfragen und bei der Terminplanung berücksichtigen
- rechtzeitig ein Bodengutachten des Grundstückes erstellen lassen und Angaben zur Höhe des Grundwasserspiegels einholen
- auf eine gute Planung und Ausschreibung durch Ihren Architekten achten

- eventuell Konventionalstrafen für Terminüberschreitungen in die Verträge mit den Handwerksunternehmen mit einbinden
- Vorkehrungen für evtl. Insolvenzfälle der Handwerksunternehmen während der Bauphase treffen (welches Unternehmen könnte einspringen? Auf welcher Grundlage?)
- regelmäßige Baufortschrittskontrollen durchführen und auf Terminverschiebungen im Bauzeitenplan sofort reagieren und nachfolgende Gewerke notfalls neu terminieren
- eine ausreichende Urlaubsplanung (Handwerkerferien) und mögliche krankheitsbedingte Ausfälle mit einbeziehen
- Puffer mit einkalkulieren.

Trotz alledem: Sie werden beim Planen und Bauen Ihres Hauses nie jede Eventualität einplanen können, wichtig ist aber, dass Sie ausreichend vorbereitet sind, um während des Bauprozesses umgehend und angemessen reagieren zu können.

Alleine bei der Terminplanung der verschiedensten Anträge sollten Sie nicht vergessen, dass folgende Antragstellungen auf Sie zukommen können. Die Bearbeitungszeit einzelner Anträge kann Wochen betragen.

Antragsstellungen

- Antrag Bauwasseranschluss bei den Stadtwerken
- Antrag Baustromanschluss mit Zähler bei den Stadtwerken
- Antrag für das eventuelle Fällen geschützter Bäume beim Gartenbauamt
- Baubeginnanzeige beim Bauaufsichtsamt
- Benennung des Bauleiters beim Bauaufsichtsamt
- Sperrung öffentlicher Verkehrsflächen beim Amt für öffentliche Ordnung
- Abwasserkanalanschluss beim Abwasserzweckverband
- Wasseranschluss mit Zählermontage bei den Stadtwerken
- Hausstromanschluss mit Zählermontage bei den Stadtwerken
- Gasanschluss bei den Stadtwerken
- Antrag auf Telefonanschluss bislang noch bei der Deutschen Telekom
- Antrag auf Kabelanschluss bislang noch bei der Deutschen Telekom

Abklärungen vor der Bauphase

- Eventuelle Erstellung eines Bodengutachtens durch einen Geologen
- Hierbei kann auch eine eventuelle Altlastenanalyse des Grundstücks erfolgen (sinnvollerweise beispielsweise durch Geo-Ökologen)
- Nachbar- und Wegerechte sind über das Katasteramt zu klären
- Eventuell auf dem Grundstück verlaufende Techniktrassen sind bei den lokalen oder kommunalen Versorgungsträgern zu erfragen.

Abklärungen während der Bauphase

- Gebäudeabsteckung/Schnurgerüst durch ein Vermessungsbüro
- Abnahme von Grundleitungen durch die Genehmigungsbehörde
- Rohbauabnahme des Kamins durch den zuständigen Schornsteinfegermeister
- Schlussabnahme der Kamin- und Feuerungsanlage durch den Schornsteinfegermeister
- Rohbauabnahme durch das Bauaufsichtsamt
- Gebrauchsabnahme durch das Bauaufsichtsamt
- Schlussabnahme durch das Bauaufsichtsamt
- Eventuelle Wiederherstellung der Grundstücksgrenzen durch ein Vermessungsbüro.

Zur Koordination aller Planungs- und Baustellenabläufe erstellt der Architekt einen Projektzeitenterminplan. Der Projektzeitenterminplan enthält alle Termine des gesamten Projektes, also auch alle Termine der Planungs- und Genehmigungsphase eines Bauwerks. Ein Teil des Projektzeitenplans ist der Bauzeitenplan. Dieser ist nichts anderes als ein Balkendiagramm, in dem auf der Vertikalen alle Arbeitsschritte in Reihenfolge untereinander erfasst werden und auf der Horizontalen die einzelnen Kalenderwochen eines Jahres hintereinander. Ausgehend vom Planungsstartdatum beginnen nun die den einzelnen Arbeitsschritten zugeordneten Balken an bestimmten, klar terminierten Daten und enden an ebenfalls klar terminierten Daten.

Heraus kommt dabei zumeist eine Art Treppenmuster, das sofort und auf einen Blick die Abhängigkeiten der Arbeitsschritte untereinander deutlich macht. *Beispiel Bauablauf:* Die Fundamentlegung kann nicht begonnen werden, solange der Aushub nicht ausgeführt ist, die Mau-

Terminplanung 4.4

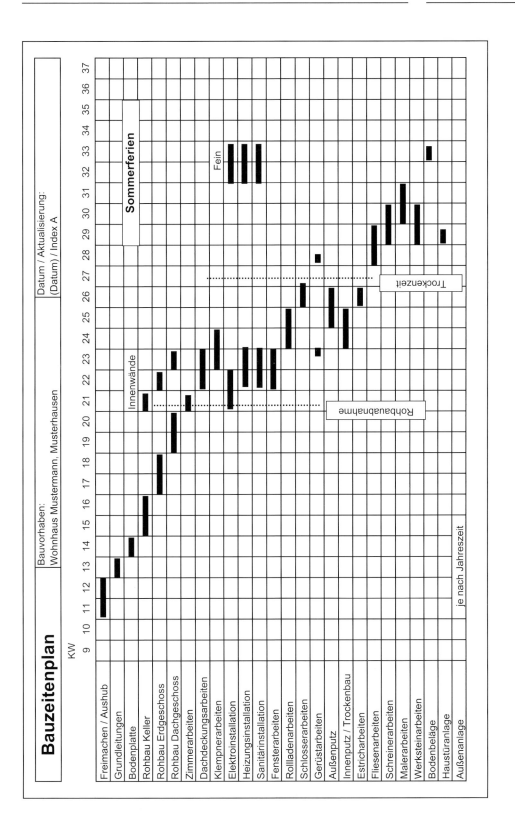

Abb. 28:
Terminplan

rerarbeiten können nicht begonnen werden, solange es kein Fundament gibt, die Dachstuhlarbeiten können nicht begonnen werden, ehe nicht das letzte Geschoss aufgemauert ist, die Dachdeckung kann nicht begonnen werden, bevor der Dachstuhl nicht gesetzt ist, der Innenausbau kann nicht begonnen werden, solange es kein schützendes Dach gibt, etc.

Die Grafik auf Seite 77 zeigt einen Terminplan als Bauzeitenplan, der die Arbeitsschritte und Zeitabläufe der einzelnen Gewerke darstellt.

4.5 Die Baueingabe

Ergebnis der Leistungsphase 3 (Entwurfsplanung) sind ein fertiger Entwurf, eine Kostenberechnung, eine Terminplanung und eine Entscheidung über die zur Verwendung kommenden Materialien und die Haustechnik. Mit diesen Unterlagen können Sie nun daran gehen, eine Genehmigung für das Bauvorhaben zu beantragen. Möchten Sie im Vorfeld bestimmte Fragestellungen klären, sollten Sie zunächst einen Antrag auf Vorbescheid einreichen, der im Kapitel 4.5.1 näher erläutert wird. Im Geltungsbereich eines Bebauungsplans kann ein Bauvorhaben möglicherweise genehmigungsfrei sein, sodass die Unterlagen als Vorlage an die Gemeinde im Rahmen der Genehmigungsfreistellung gerichtet werden. Dies wird im Kapitel 4.5.2 näher beschrieben. Ansonsten gilt für Wohnhäuser das vereinfachte Genehmigungsverfahren, das im Kapitel 4.5.3 behandelt wird. Welche Unterlagen eingereicht werden müssen, erfahren Sie im Kapitel 4.5.4.

4.5.1 Antrag auf Vorbescheid

Unter Umständen ist es zu diesem Zeitpunkt noch nicht sicher, ob für das Bauvorhaben eine Genehmigung erteilt werden kann, z. B. weil von einzelnen Festsetzungen des Bebauungsplans abgewichen werden soll. In einem solchen Fall ist es vorteilhafter, zunächst diese offenen Fragen durch einen Antrag auf Vorbescheid klären zu lassen. Für einen solchen Antrag müssen die Unterlagen eingereicht werden, die für eine Beantwortung der Fragestellung nötig sind. *Beispiel:* Soll von der zulässigen Dachneigung abgewichen werden, sind zumindest Ansichtspläne notwendig, die das geplante Bauvorhaben darstellen.

Ein Antrag auf Vorbescheid ist nicht möglich, wenn das Bauvorhaben genehmigungsfrei ist (Kapitel 4.5.2). Für die Gemeinde ist ein positiver Vorbescheid bindend, es sei denn, der nachfolgende Antrag weicht wesentlich von den entschiedenen Punkten ab. Die Geltungsdauer beträgt zwei Jahre.

4.5.2 Inanspruchnahme der Genehmigungsfreistellung

Die Überlastung der Ämter mit den vielen Prüfverfahren und die teilweise sehr aufwändige Bearbeitung haben mittlerweile zu Alternativlösungen geführt. Kleinere Wohnhäuser sind genehmigungsfrei, wenn:

- das Vorhaben den Festsetzungen des Bebauungsplans entspricht und örtlichen Bauvorschriften nicht widerspricht
- die Erschließung gesichert ist
- die Gemeinde nicht innerhalb eines Monats erklärt, dass ein Genehmigungsverfahren durchgeführt werden soll.

In diesem Fall bleiben die eingereichten Unterlagen hinsichtlich der Vollständigkeit und Richtigkeit der Bauvorlagen oder dem Vorliegen einer Bauvorlageberechtigung des Entwurfsverfassers ungeprüft. Die Verantwortung für die Einhaltung aller Vorschriften verbleibt beim Bauherrn und Entwurfsverfasser. Die umliegenden Nachbarn werden von der geplanten Baumaßnahme in Kenntnis gesetzt und können dann innerhalb einer meist recht kurzen Widerspruchsfrist bei der zuständigen Behörde Einwände gegen das Bauvorhaben einlegen. Sind diese offensichtlich unbegründet, wird Ihrem Bauantrag stattgegeben, sind diese begründet, muss eine rechtlich eindeutige Klärung herbeigeführt werden.

Der Baubeginn ist einen Monat nach Eingang der Bauvorlagen bei der Gemeinde möglich, wenn diese nicht widerspricht. Entscheidend ist das Eingangsdatum bei der Gemeinde. Da der Bauherr den Eingang im Zweifel nachweisen muss, sollte er sich eine Kopie des Anschreibens zu den Antragsunterlagen mit einem Eingangsstempel versehen lassen. Teilt die Gemeinde vor Ablauf der Frist mit, dass kein Genehmigungsverfahren durchgeführt werden soll, kann sofort mit dem Bau begonnen werden. Die Baugenehmigung bleibt drei Jahre gültig. Innerhalb dieser Zeit muss mit dem Bau begonnen werden.

Wichtig: Es kann nicht zwischen der Inanspruchnahme der Genehmigungsfreistellung und dem vereinfachten Genehmigungsverfahren *gewählt werden*. Wird für ein freigestelltes Bauvorhaben ein Bauantrag gestellt, muss dieser von der Baubehörde wegen fehlender Zuständigkeit abgelehnt werden.

4.5.3 Das vereinfachte Genehmigungsverfahren

Zum Abbau staatlicher Bauaufsicht und der bewussten Verstärkung der Verantwortlichkeit der am Bau Beteiligten wurde für kleinere Wohnhäuser das vereinfachte Genehmigungsverfahren eingeführt. Es kommt dann infrage, wenn Abweichungen vom Bebauungsplan vorgesehen sind oder die Gemeinde dies bestimmt hat.

Das vereinfachte Genehmigungsverfahren beinhaltet eine eingeschränkte bauaufsichtliche Prüfung, bei der die Erschließung, die Einhaltung der Abstandsflächen, Zahl der Stellplätze und Brandschutzbestimmungen geprüft werden.

Der Bauantrag muss abhängig vom Bundesland in der Regel meist innerhalb von sechs Wochen bearbeitet werden, in Ausnahmefällen ist eine Verlängerung bis sechs Wochen möglich. Die Baugenehmigung ist drei Jahre gültig. Innerhalb dieser Zeit muss mit dem Bau begonnen werden.

4.5.4 Die Unterlagen zum Bauantrag

Je nachdem, welches Bauvolumen Ihr Bauvorhaben hat, kann die Einreichung der Baugesuchsunterlagen durch unterschiedliche Personen vorgenommen werden. Dies hängt von der jeweiligen Bauordnung des Bundeslandes ab, in dem Sie bauen wollen. Die Regelungen unterscheiden sich im Detail, generell lässt sich sagen, dass nur in besonderen Fällen (meist kleine, eingeschossige Gebäude) die Einreichung eines Baugesuchs auch durch staatlich geprüfte Techniker der Fachrichtung Bautechnik sowie Meister des Maurer-, Zimmerei- und Betonhandwerks zulässig ist. In allen anderen Fällen muss das Baugesuch durch einen Architekten unterzeichnet sein. D. h. nur Pläne und Unterlagen, die mit dem offiziellen Stempel und der Unterschrift eines bei den Landesarchitektenkammern eingetragenen Architekten versehen sind, werden zur Prüfung des Baugesuchs von den Behörden angenommen. In einigen Bundesländern können auch Ingenieure die Bauvorlageberechtigung erlangen und damit ein Baugesuch einreichen. Diese Ingenieure werden auf einer speziellen Liste der Landesingenieurkammern geführt, die Sie dort auch erfragen können. Diese Ingenieure sind den Architekten hinsichtlich der Bauvorlageberechtigung gleichgestellt.

Umbaumaßnahmen können bis zu einem gewissen Grad auch von Innenarchitekten beantragt werden. Auch dies regeln im Einzelnen die Landesbauordnungen.

Die Baueingabe an sich ist nichts anderes, als die Zusammenstellung der fertigen Entwurfsunterlagen mit allen notwendigen Eintragungen, sowie das Zusammenstellen einer Baubeschreibung, die in kurzen Worten umreißt, welchen Haustyp (z. B. Einfamilienhaus) in welcher Ausführungsart (z. B. Art der Hauptbaustoffe, Haustechnik) Sie verwirklichen wollen. Hinzu kommen noch diverse auszufüllende Formulare der Kommune, in denen brandschutztechnische Dinge abgefragt werden bzw. Angaben zur Entwässerung etc. Diese Dinge stellt Ihr Architekt in Ihrem Auftrag für Sie zusammen und reicht sie als komplette Baueingabe ein. Folgende Unterlagen müssen bei der Baueingabe in der Regel miteingereicht werden:

- Bauantragsformular
- Baubeschreibung
- Erhebungsbogen
- Vollmacht des Bauherrn
- Bauvorlageberechtigung des Architekten
- Bescheinigung der Haftpflichtversicherung des Architekten
- Berechnung des umbauten Raumes
- Berechnung der Wohnfläche
- mitunter Nachweis Fußbodenhöhe höchster Aufenthaltsraum
- Energiebedarfsberechnung und Bescheinigung nach EnEV
- Bescheinigung Baumschutzsatzung
- Lageplan
- Bauzeichnungen.

Insofern Sie Bestandsgebäude abreißen wollen sind außerdem einzureichen:

- Antragsformular
- Auszug aus dem Liegenschaftskataster
- Fotos des bestehenden Gebäudes.

5 Ausführungsplanung, Ausschreibung und Auftragsvergabe bei Neubauvorhaben

5.1 Die Ausführungsplanung

Tipp:

Lassen Sie sich von Ihrem Architekten die Werkplanung seines letzten Bauvorhabens zeigen und nehmen Sie Qualität und Umfang der Ausführungsplanung genauer unter die Lupe.

Nach dem Erstellen und Einreichen der Genehmigungsplanung beginnt der Architekt mit der Ausarbeitung der Ausführungsplanung. Die Ausführungsplanung, eben jene Planung im Maßstab 1:50, die auf der Baustelle als konkrete Bauvorlage dient, ist gemeinsam mit einer guten Ausschreibung und Vergabe von entscheidender Bedeutung für eine reibungslose Umsetzung des Bauvorhabens.

Grundsätzlich sollte eine Werkplanung eine klare Struktur aufweisen, also z.B. alle Grundrisse aufsteigend abbilden, sie sollte mindestens einen Schnitt in Haus-Längs- oder Haus-Quer-Richtung beinhalten. In der Regel wird dieser Schnitt durch das Treppenhaus geführt. Schließlich sollten alle Hausansichten dargestellt sein, sowie eventuell auch eine Dachaufsicht.

Zusätzlich zu diesen großen, zentralen Plänen sollten Detailpläne für alle wichtigen Details wie z.B. Fundamentierungen, Abdichtungen, Bodenaufbauten, Treppen, Wandöffnungen, Anschlüsse von Dach, Balkon etc., Durchstoßpunkte für die Hausanschlüsse wie z.B. Strom, Gas, Wasser, Abwasser, zumeist im Maßstab 1:20 bis 1:5, erstellt sein. Rechnen Sie bei einer normalen Einfamilienhausplanung mit zwischen 15 und 25 Plänen allein für die Ausführungsplanung.

Der kreativste Entwurf kann durch eine schlechte oder mangelhafte Detailplanung zum Scheitern verurteilt sein. Deswegen sollten Sie großen Wert auf eine qualitative und umfassende Werkplanung legen. Nachfolgend finden Sie Checklisten mit den wichtigsten Prüfpunkten für eine umfassende Ausführungsplanung.

Machen Sie zu Beginn der Werkplanung gemeinsam mit Ihrem Architekten eine Planliste aller zu erstellenden Pläne. Besprechen Sie hierbei, welche Punkte des Hauses im Detail dargestellt werden. Als Orientierung seien die noch folgenden Checklisten genannt.

Für Sie als Bauherr ist wichtig, dass sich Ihr Architekt nicht um die kritischen Details „herumdrückt", sondern insbesondere diese ins Visier nimmt. Nicht zuletzt hierauf müssen Sie die Werkplanung Ihres Architekten überprüfen. Denken Sie daran, dass die Ausführung auf der Baustelle immer nur so gut sein kann, wie die Werkplanung selbst.

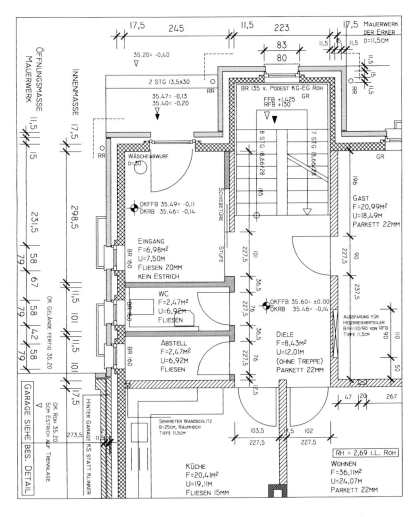

Abb. 29:
Ausschnitt einer
Werkplanung

Die Werkplanung wird als Rechtsgrundlage betrachtet, nach der die Ausführung erfolgt. Sie beinhaltet eine Vielzahl von Symbolen und Kenntlichmachungen von Materialien, Konstruktionsweisen oder Installationen, die durch die dortige Eintragung Verbindlichkeit erlangen. Teile der Werkplanung werden als Anlage auch immer den einzelnen Ausschreibungen der jeweiligen Gewerke beigefügt, sodass es im Streitfalle, ob beispielsweise der Kniestock eines ausgebauten Daches gemauert oder betoniert sein soll, auf die diesbezügliche Symbolik in der Werkplanung ankommen kann. Ähnliches gilt für die Art der Fundamentierung, den Bodenaufbau, die Lage und den Verlauf von Rohrleitungen oder die Installation der Elektroausstattung etc.

Neben den reinen Architekten-Werkplänen gibt es auch noch die Planungen der Fachingenieure für Statik, Heizung- und Lüftung, Sanitär und Elektro. Lassen Sie sich auch die diesbezüglichen Planunterlagen grundsätzlich schon vor Beginn der Bauausführung komplett aushändigen. Verpflichten Sie Ihren Architekten dazu, Ihnen jeweils den aktuellsten Planstand automatisch zukommen zu lassen. Vergewissern Sie sich bei Besprechungen grundsätzlich, dass alle Beteiligten den aktuellen Planstand vorliegen haben.

Checkliste für vollständige Ausführungspläne

Nachfolgend finden Sie stichwortartig eine Übersicht über diejenigen Eintragungen in Ausführungspläne, die keinesfalls fehlen dürfen. Sie sind sortiert nach den jeweiligen Plantypen.

Grundrisspläne:
- Plankopf mit allen Angaben zu Verfasser/Planer, Bauherr, Lage und Ort, Maßstab, Änderungsvermerken mit Datum und Namenszeichen sowie laufender Plannummerierung und klarer Planangabe (z. B. Grundriss EG)
- Nordpfeil deutlich und klar, in der Form, dass nach Möglichkeit die obere Plankante nach Norden zeigt (wenn man den Plan zur Hand nimmt ist oben Norden, unten Süden, links Westen und rechts Osten)
- Im Erdgeschossgrundriss die Erschließung (Außentreppen, Terrassen, Gartenwege, Zufahrten etc.)
- Gesamtmaße über die volle Hausbreite und Tiefe
- sämtliche Teilmaße (z. B. von Hauskante zu Fenster, von Fenster zu Fenster)
- Alle Öffnungsmaße in Höhe und Breite des Rohbaumaßes (Türen, Fenster etc.)
- Alle Wandstärken mit Materialsymbolik
- Alle Vor- und Rücksprungmaße
- Soweit vorhanden alle Achsmaße und Dehnungsfugen
- Öffnungsviertelkreise mit Öffnungsrichtung sämtlicher Türen bzw. Fenstertüren
- Treppenlauf mit ordnungsgemäßer Grundrisskonstruktion der Treppe bei Wendelungen sowie Steigungsangaben, Stufenzahl und Gehlinie
- In gestrichelter Linie alle auskragenden Bauteile oberer oder unterer Geschosse (Balkone, Dach etc.)
- Lage von Stürzen, Kanälen, Unterzügen, Durchlässen als gestrichelte Linie mit Bezug auf die lichten Raumhöhen etc.
- Lage von Rollläden und Gurtbändern
- Alle Raumgrößen in Quadratmeter mit Bezeichnung
- Oberkante Rohfußboden und Oberkante Fertigfußboden in allen Räumen

- ☐ Lage und Art von Bodeneinläufen
- ☐ Wo nötig Verlegepläne für Boden- und Wandfliesen
- ☐ In den Bädern: Lage, Form und Art sämtlicher sanitärer Einrichtungsgegenstände
- ☐ In Dachgeschossgrundrissen: Kniestocklinie (Stoßlinie von aufgehender Wand und Dachschräge), Dachspitzbodenlinie (Stoßlinie von aufgehender Dachschräge mit Zimmerdecke Dachgeschoss), Dachgaubenlinien, Lage und Anordnung von Bodeneinschubtreppen
- ☐ Lage und Durchmesser der Kaminzüge und/oder Lüftungskanäle etc. inkl. Reinigungs- bzw. Austrittsöffnungen
- ☐ Lage von Kellerlichtschächten
- ☐ Fundamentlage
- ☐ Bei Heiztechnikräumen: Stellung, Lage, Installation und Anschlüsse der Heizzentrale sowie evtl. benötigter Tanklager- bzw. Gaszuführungen etc.
- ☐ Angaben über Be- und Entlüftung im Heizraum
- ☐ Ausbildung des Hausanschlussraumes
- ☐ Evtl. Revisionsschacht
- ☐ Hinweis auf jeweils zugeordnete Detailpläne (z. B. durch Einkreisung eines Details mit zugeordneter Plannummer, wo dieses im größeren Maßstab zu finden ist) sowie Pläne der Fachingenieure, wie Elektro-, Sanitär- und Heizungsplanung (enorm wichtig z. B. für Lage und Anzahl Ihrer Steckdosen und Lichtschalter bzw. Heizkörper oder aber auch sämtlicher Wasser- und Abwasseranschlüsse etc.)
- ☐ Bezeichnung und Lage von Schnittlinien, die aussagen, wo der Vertikalschnitt des Schnittplans durchs Haus gelegt wurde

Schnittpläne:
- ☐ Plankopf mit allen Angaben zu Verfasser/Planer, Bauherr, Lage und Ort, Maßstab, Änderungsvermerken mit Datum und Namenszeichen sowie laufender Plannummerierung und klarer Planangabe (z. B. Schnitt A-A)
- ☐ Höhenlage des Gebäudes über NN bezogen auf die Oberkante des Fertigfußbodens des Erdgeschosses
- ☐ Bezeichnung der Geschosse
- ☐ Alle Höhenmaße über die komplette Haushöhe inkl. lichte Raummaße etc.
- ☐ Alle lichten Raummaße (Rohbaumaße)
- ☐ Durchgangshöhen von Türen, Fenstertüren oder Treppenunterläufen
- ☐ Alle Deckenstärken mit Maßangaben des gesamten Bodenaufbaus (Rohdecke, Trittschalldämmung, Estrich, Bodenbelag etc.) Brüstungs- und Sturzhöhen inkl. ihrer konstruktiven Ausbildung

- ☐ Stärken, Aufbau und konstruktive Ausbildung von Wänden
- ☐ Lage und Ausbildung von Ringankern
- ☐ Wo notwendig Wandabwicklungen (z. B. bei Fliesenverlegung)
- ☐ Lage, Anordnung, konstruktive Ausbildung und Höhenverlauf von Treppen, inkl. sämtlicher Zwischenpodeste mit Art und Ausbildung aller Anschlusspunkte der Treppen an bestehende Bauteile, wie evtl. Wände oder Geschosszwischendecken
- ☐ Anschlüsse von Lichtschächten, Außentreppen, Terrassen, Balkonen etc.
- ☐ Verankerungen, Verlauf und Maße der Dachbinder sowie des Dachtragwerks
- ☐ Aufbau, Montagepunkte und Ausbildung des gesamten Dachhautaufbaus inklusive Lattenlage und Ziegeleindeckung, sowie Traufanschlusspunkt mit Ausladung und Ausbildung des Sparrenfußes, Montage der Dachrinne sowie Firstanschluss mit Firstlinie
- ☐ Konstruktive Ausbildung von Gaupen oder Dachausstiegen inkl. sämtlicher Anschlusspunkte an die Dachhaut
- ☐ Hinweis auf jeweils zugeordnete Detailpläne (z. B. durch Einkreisung eines Details mit zugeordneter Plannummer, wo dieses im größeren Maßstab zu finden ist) sowie Pläne der Fachingenieure, wie Elektro-, Sanitär- und Heizungsplanung
- ☐ Höhenlage und Anschlüsse der Hauszuleitungen für Gas, Wasser, Strom etc.
- ☐ Lage und Verlauf der Grundleitung
- ☐ Fundamentschnitte mit eindeutiger Darstellung und Bezeichnung der Materialien und Konstruktionsweisen der Fundamentierungen, der aufgehenden Kellerwände, der vorgesehenen Dichtungen für die Kellerwand (Sperrschichtenaufbau), der Lage und Stärke des Dränagerohrs, der Kiesverfüllung sowie des max. gemessenen Grundwasserstandes
- ☐ Lage und Ausbildung von waagerechten Sperrschichten (unterhalb der Grundplatte, in den aufgehenden Wänden)

Ansichtspläne:
- ☐ Plankopf mit allen Angaben zu Verfasser/Planer, Bauherr, Lage und Ort, Maßstab, Änderungsvermerken mit Datum und Namenszeichen sowie laufender Plannummerierung und klarer Planangabe (z. B. Ansicht Südwest)
- ☐ gestrichelt die Höhenlinien der Ober- und Unterkanten der einzelnen Geschossdecken
- ☐ Lage und Anordnung von Fenstern und Türen inkl. eingestrichelter Öffnungssystematik
- ☐ Lage und Anordnung von Rollläden, Jalousien, Markisen etc.
- ☐ Lage und Anordnungen von Außentreppen und Terrassen

- ☐ Lage und Anordnung von Regenfallrohren
- ☐ Trauf-, Kehl, Grat- und Firstlinien
- ☐ Kniestocklinie gestrichelt
- ☐ Schornsteine, Gauben, Dachausstiege
- ☐ Gesimse, Balkone, Geländer
- ☐ Sockelverlauf
- ☐ besondere Fassadenbekleidungen wie z. B. Verputzungen, Verklinkerungen oder Holzverkleidungen
- ☐ Hinweis auf jeweils zugeordnete Detailpläne (z. B. durch Einkreisung eines Details mit zugeordneter Plannummer, wo dieses im größeren Maßstab zu finden ist)
- ☐ Gründungstiefe der Fundamente gestrichelt
- ☐ Erdreichverlauf
- ☐ Höhenlinie des Straßenverlaufs der Erschließungsstraße

5.2 Die Ausschreibungsunterlagen

Eine der wichtigsten Voraussetzungen für einen reibungslosen Bauablauf ist die exakte Ausschreibung sämtlicher für die Erstellung eines Bauwerks notwendigen Arbeiten. Das, was die Ausführungspläne zeichnerisch leisten, nämlich eine detaillierte Darstellung aller, zu einer exakten Erstellung notwendigen Angaben, muss die Ausschreibung nun in schriftlicher Form leisten. Die Ausschreibung sämtlicher Gewerke ist somit nichts anderes, als eine klare, schriftliche Darlegung dessen, was in den Plänen zeichnerisch bereits dargestellt ist.

Ausschreibungen sind grundsätzlich immer gewerkeweise gegliedert, es sei denn, Sie wollen ein einziges Unternehmen mit der schlüsselfertigen Erstellung Ihres gesamten Hauses beauftragen.

Die Gewerke sind im Standardleistungsverzeichnis offiziell in folgender Reihenfolge aufgenommen und geben Ihnen einen Überblick über sämtliche am Bau beteiligte Gewerke. Die Zahlenfolge ist im Standardleistungsverzeichnis wegen künftig möglicher Ergänzungen bewusst lückenhaft gehalten:

000 Baustelleneinrichtung
001 Gerüstarbeiten
002 Erdarbeiten
003 Landschaftsbauarbeiten
004 Landschaftsbauarbeiten – Pflanzen
005 Brunnenbauarbeiten und Aufschlussbohrungen
006 Verbau-, Raum- und Einpressarbeiten

007 Untertagebauarbeiten
008 Wasserhaltungsarbeiten
009 Entwässerungskanalarbeiten
010 Dränarbeiten
011 Abscheideranlagen, Kleinkläranlagen
012 Mauerarbeiten
013 Beton- und Stahlbetonarbeiten
014 Natur-, Betonwerksteinarbeiten
016 Zimmer- und Holzbauarbeiten
017 Stahlbauarbeiten
018 Abdichtungsarbeiten gegen Wasser
020 Dachdeckungsarbeiten
021 Dachabdichtungsarbeiten
022 Klempnerarbeiten
023 Putz- und Stuckarbeiten
024 Fliesen- und Plattenarbeiten
025 Estricharbeiten
027 Tischlerarbeiten
028 Parkettarbeiten, Holzpflasterarbeiten
029 Beschlagarbeiten
030 Rollladenarbeiten; Rollabschlüsse, Sonnenschutz- und Verdunkelungsanlagen
031 Metallbau-, Schlosserarbeiten
032 Verglasungsarbeiten
033 Gebäudereinigungsarbeiten
034 Maler- und Lackierarbeiten
035 Korrosionsschutzarbeiten an Stahl- und Aluminiumbaukonstruktionen
036 Bodenbelagsarbeiten
037 Tapezierarbeiten
039 Trockenbauarbeiten
040 Heizungs- und zentrale Brauchwassererwärmungsanlagen
042 Gas- und Wasserinstallationsarbeiten – Leitungen und Armaturen
043 Druckrohrleitungen für Gas, Wasser und Abwasser
044 Abwasserinstallationsarbeiten – Leitungen, Abläufe und Abscheider
045 Gas-, Wasser- und Abwasserinstallationsarbeiten – Einrichtungsgegenstände
046 Gas-, Wasser- und Abwasserinstallationsarbeiten – Betriebseinrichtungen
047 Wärme- und Kältedämmarbeiten an betriebstechnischen Anlagen
049 Feuerlöschanlagen, Feuerlöschgeräte
050 Blitzschutz- und Erdungsanlagen
051 Bauleistungen für Kabelanlagen

ablaufs. Hierzu gehört z. B. wo und wie Bauwasser und Baustrom zu finden oder zu stellen ist, welche Zufahrtsmöglichkeiten es gibt, welche Schutzmaßnahmen z. B. im Gebäudebestand oder hinsichtlich Nachbargebäuden zu treffen sind. Außerdem können hier die Stellung und der Unterhalt von Bauflächenbeleuchtungen u.a. geregelt werden. Ferner kann hier auch geregelt werden, wie mit Gefahrgutstoffen umzugehen ist, wo sie gelagert werden usw., genauso können hier Regelungen hinsichtlich der schadstofffreien Abwassereinleitung oder der Bereithaltung eines Feuerlöschers aufgenommen werden.

Das Leistungsverzeichnis ist die eigentliche Ausschreibung der Leistung. Sie untergliedert sich manchmal wiederum in einzelne Lose. Beispielsweise kann das Gewerk Putzarbeiten in die Lose „Außenputz" und „Innenputz" unterteilt werden. Im Vortext der Ausschreibung können Sie sich dann ausdrücklich vorbehalten, die Leistungen auch losweise an die Handwerksunternehmen zu vergeben. Erhalten Sie dann Angebote, bei denen ein Unternehmen besonders günstig im Außenputz ist und ein anderes die günstigsten Preise für den Innenputz anbietet, können Sie diese beiden Arbeiten getrennt voneinander vergeben. Tun Sie dies aber in keinem Fall dort, wo es zu problematischen Haftungsschnittpunkten kommen kann. Beispiel: Sie haben einen Sanitärinstallateur mit der Installation sämtlicher Zu- und Abwasserleitungen beauftragt und einen anderen mit der Installation der Sanitärgegenstände. Kommt es dann zu Problemen wird immer der eine die Schuld auf den anderen schieben. Besser: Sie stellen in einem solchen Fall dann die Sanitärgegenstände „bauseits", also selber und ein und derselbe Sanitärinstallateur montiert Leitungen und Sanitärgegenstände.

Im Weiteren besteht eine Ausschreibung aus fortlaufenden Positionen innerhalb dieser Lose, die Absatz für Absatz exakt beschreiben, welche Arbeitsleistung vollbracht werden muss, wie viel Material dafür benötigt werden muss und was alles an Nebenarbeiten zu tun ist. Hier ist äußerst exakte Formulierung gefragt. Beispiel: Sie wollen eine Wand fliesen lassen und schreiben: Wand, 2,8 × 3 m mit weißen Fliesen, 15 × 15 cm, fliesen. Sie würden Ihr blaues Wunder erleben, was bei dieser Formulierung alles herauskäme. Um ein qualitativ gutes Ergebnis zu erzielen und insbesondere von Nachforderungen möglichst verschont zu bleiben, müssen Sie dem Handwerker unzweifelhafte Vorgaben machen, was er an der Baustelle vorfindet (hier z. B. der Untergrund), welches Material er zur Verlegung der Fliesen verwenden soll (z. B. Kleber, Mörtel etc.), welche Fliesenstärke und -qualität Sie wünschen, ob matt oder glänzend, wie die Fliesen an den Raumecken verschnitten werden sollen (z. B. zu beiden begrenzenden Wänden hin jeweils als viertel oder einseitig als halbe Fliese), wie die Austritte von Rohrleitungen umfliest werden sollen

5 Ausführungsplanung, Ausschreibung und Auftragsvergabe

Einrichtungsgegenstände WC KG

Art und Anordnung sind vor Bestellung und Montage mit der Bauleitung abzustimmen. In die Einheitspreise einzukalkulieren ist die fachgerechte Versiegelung von Porzellan sowie der Wandanschlüsse von Armaturen. Die Einheitspreise umfassen die Lieferung und Montage von gebrauchsfertigen Anlagen einschl. aller nötigen Hilfsstoffe.

Pos.	Menge	Beschreibung	Einheitspreis	Gesamtpreis
7.01	1,0 STK	**Klosettanlage weiß, bestehend aus:** Wand-Tiefspülklosett aus Porzellan als Tiefspüler für Wandeinbau-Spülkasten Fabrikat: Keramag Serie: Renova Nr.1 Art.Nr. 204500 Farbe: weiß, glänzend Schallschutzset DAL für Wand-WC-Anlagen Abdeckplatte Geberit Highline, weiß, für UP-Spülkasten Klosettsitz mit Deckel Fabrikat: Pressalit Modell: Scandinavia 75 Farbe: weiß, glänzend einschließlich Kleinmaterial in fertiger Arbeit liefern und montieren.	....	....
7.02	1,0 STK	**Waschbeckenanlage weiß, bestehend aus:** Waschbecken aus Porzellan Fabrikat: Keramag Serie: Renova Nr.1 plus, Art.Nr. 270550 Größe: 50x38 cm Farbe: weiß, glänzend Halbsäule aus Porzellan Fabrikat: Keramag Serie: Renova Nr.1 plus, Art. Nr. 290530 Größe: 23,5 x 31,5cm Farbe: weiß, glänzend Kerafix Befestigungs-Satz, Art. Nr. 551062 Einhand-Waschtischbatterie Fabrikat: Optima Serie: Optima Einhebelmischer S, Art.Nr. 77102257001 Farbe: Chrom Eckventile 1/2" x 3/8", Quetschverschraubung mit Längenausgleich und selbstdichtendem Anschlussgewinde, Röhrengeruchverschluss 1 1/4" mit verstellbarem Tauchrohr, Abgangsrohr und Schubrosette einschließlich Kleinmaterial in fertiger Arbeit liefern und montieren.	....	....
		Summe Einrichtungsgegenstände WC KG		==========

Abb. 30:
Auszug aus einem Leistungsverzeichnis

(z. B. grundsätzlich nur im Fugenkreuz), wie die Fliesen zum Boden hin abgeschlossen werden sollen (z. B. mit Sockelfliesen in anderem Farbton), wie die Fliesen an Bodenbelagswechsel im Türbereich anschließen sollen (z. B. über eine eingelassene Messingschiene), welche Fugenbreite sie wünschen und in welcher Farbe die Fuge gehalten sein soll, etc. Sie sehen, es ist gar nicht so einfach, einem Handwerker definitiv zu erläutern, was er wie machen soll, ohne dass er hinterher von Ihnen einen höheren Preis für Mehraufwand verlangen kann.

Zum Abschluss der Leistungsbeschreibung werden dann noch Stundenlohnarbeiten abgefragt. Dies deshalb, damit man bei zusätzlich anfallenden Stundenlohnarbeiten weiß, zu welchem Preis man diese erhält. Stundenlohnarbeiten werden in einem Umfang von ca. 20 bis 40 Stunden abgefragt und zwar getrennt nach Helfer-, Lehrlings-, Gesellen- und Meisterstunden.

Ganz zum Schluss kann man noch eine Stoffliste anhängen, in der man den Stück-, Flächen-, Volumen- oder Gewichtspreis bestimmter Baustoffe, Bauelemente oder Bauteile nachfragt, um bei einem Mehrbedarf von vornherein den Preis zu kennen.

Die Anlagen können z. B. aus den Werkplänen des Bauvorhabens und aus den Terminplänen zur Abwicklung der Baustelle bestehen. Genauso kann hier auch eine Baustellordnung (siehe Kapitel 7.2.4 Seite 117) zu finden sein.

Architekturbüros gehen bei der Erstellung von Ausschreibungen sehr unterschiedlich vor. Einige nutzen langjährige Erfahrungen, um möglichst „wasserdichte" Texte zu formulieren, andere verlassen sich auf vorgegebene EDV-Texte und setzen die für Ihr Haus ermittelten Mengen ein. Bleiben Sie als Bauherr gerade bei den Ausschreibungen äußerst kritisch und lesen Sie sich diese vor Herausgabe an die Handwerksunternehmen durch. Haben Sie den Eindruck von Unvollständigkeit, kann es sinnvoll sein, nochmals Baufachleute oder ausgewiesen gute Handwerker gegenlesen zu lassen.

Was nicht in der Ausschreibung steht, führt später in der Regel zu Mehrkosten. Gerade nach einer anfänglich harten Vergabeverhandlung mit dem Unternehmer wird dieser Nachträge nutzen, um schließlich doch noch einen finanziellen Ausgleich zu bekommen.

Jede Ausschreibung sollte vor Aussendung an Handwerker auch durch einen auf Baurecht spezialisierten Anwalt geprüft werden (siehe Kapitel 3.4, Seite 43). Nicht immer sind Architekten auf dem rechtlich neuesten Stand, manchmal verwenden Sie über Jahre die identischen Vorbemerkungen, ohne sich der rechtlichen Problematiken überhaupt bewusst zu sein. Besonders wichtig ist ein präventives Gegenlesen der Ausschreibungsunterlagen dann, wenn diese z. B. durch ein einfaches Zuschlagsverfahren Vertragsgrundlage mit dem Handwerker wird. Das heißt, da bereits in den Ausschreibungsunterlagen auch alle vertraglichen Grundlagen und Regelungen enthalten sind, muss zum rechtlichen Zustandekommen eines Vertrages mit dem Bieter nur noch ein Zuschlag auf das Angebot erteilt werden und die Ausschreibungsunterlagen werden so direkt die Vertragsunterlagen.

Telefonanfrage für das Gewerk:		
Firma:	Straße / Ort:	Tel. / Ansprechpartner:

Fragen zur telefonischen Handwerkerauswahl:	Ja	Nein
Größe des Auftrages ist interessant für das Unternehmen	☐	☐
Firma ist bei der Handwerkskammer eingetragen	☐	☐
Firma hat freie Kapazitäten im fraglichen Zeitraum	☐	☐
Referenzobjekte liegen vor	☐	☐
Tätigkeitszeitraum der Firma seit:		
Anzahl der Mitarbeiter:		

Referenz 1:

Bauherr / Telefon:	
Straße:	
Ort:	

Referenz 2:

Bauherr / Telefon:	
Straße:	
Ort:	

Referenz 3:

Bauherr / Telefon:	
Straße:	
Ort:	

Abb. 31:
Telefonanfrage

5.3 Die Auswahl von Handwerksunternehmen

Ähnlich wie das Angebot an Architekten ist auch das Angebot an Handwerkern sehr groß. Die Frage, wie Sie geeignete Handwerker finden, stellt sich auch hier. Ein Vorteil ist, dass Sie zum Zeitpunkt der Handwerkersuche in aller Regel natürlich längst einen Architekten an Ihrer Seite haben, der Ihnen hierbei hilft. Er wird Ihnen in der Regel Empfehlungen guter Handwerksbetriebe geben können. Da der Architekt selber unter einem schlecht arbeitenden Handwerker leiden

Leistungsverzeichnis über Zimmererarbeiten		Fa. Meier		Fa. Müller		Fa. Schmitz		Fa. Jansen		Fa. Heier	
Pos.	Bezeichnung	EP	GP	EP	GP	EP	GP	EP	GP	EP	GP
01	12,6 m³ Kantholz liefern	310,00	3906,00	290,00	3654,00	265,00	3339,00	282,50	3559,50		
02	681 m Abbinden des Bauholzes	4,40	2996,40	4,16	2832,96	7,40	5039,00	6,40	4358,40		
03	1,98 m³ Brettschichtholz liefern	859,00	nur EP.	869,00	nur EP.	710,00	nur EP.	740,00	nur EP.		
04	25,4 m BSH verzimmern	0,00	nur EP.	6,70	nur EP.	8,25	nur EP.	9,00	nur EP.	nicht	abgegeben
05	4 Stk. Zulage für profilieren	24,50	98,00	0,00	0,00	12,50	50,00	32,00	128,00		
06	65 m Windrispenband	4,30	279,50	3,20	208,00	3,40	221,00	3,05	198,25		
07	35 m Traufenkeil	4,60	161,00	5,50	192,50	7,30	255,50	7,10	248,50		
08	63 m² Spanplatten	15,08	950,04	15,30	963,90	14,25	897,75	17,00	1071,00		
09	22 m² Schalung, 24 mm	14,70	323,40	17,20	378,40	19,00	418,00	14,50	319,00		
10	40 m² Lärchenschalung	37,22	1488,80	34,20	1368,00	36,00	1440,00	47,50	1900,00		
11	6 Stk. Giebelanker	6,14	36,84	8,10	48,60	7,00	42,00	8,50	51,00		
12	1 Stk. Einschubtreppe	455,00	455,00	425,00	425,00	375,00	375,00	374,00	374,00		
13	1 Std. Facharbeiter	35,69	nur EP.	36,30	nur EP.	34,00	nur EP.	36,00	nur EP.		
	Summe		10.694,98 EUR		10.071,36 EUR		12.077,65 EUR		12.207,65 EUR		
	MwSt. 16%		1.711,20 EUR		1.611,42 EUR		1.932,42 EUR		1.953,22 EUR		
	Gesamtbetrag		12.406,18 EUR		11.682,78 EUR		14.010,07 EUR		14.160,87 EUR		0,00 EUR

Abb. 32:
Preisspiegel

würde, sind die Empfehlungen eines Architekten durchaus glaubwürdig. Unabhängig von diesen Empfehlungen können Sie auch Nachbarn oder Bekannte nach Ihren Erfahrungen und Empfehlungen fragen. Ferner können Sie – ähnlich wie bei der Architektensuche – auch über das Branchenfernsprechbuch („Gelbe Seiten") Ihrer Region gehen. Sie können sich jeweils einige Handwerker heraussuchen und mit der nachfolgenden Checkliste telefonisch eine erste Voranfrage bei den Betrieben durchführen. Sie können sich dann gemeinsam mit Ihrem Architekten überlegen, welchen Unternehmen Sie Ihre Ausschreibungen zukommen lassen.

5.4 Die Prüfung der eingehenden Angebote

Nachdem die einzelnen Leistungen ausgeschrieben sind und Sie die Texte gegengelesen haben, geht es nun ans Versenden. Sie sollten pro Gewerk mindestens fünf Vergleichsangebote einholen lassen, um einen Überblick über die Marktsituation zu erhalten. Die Sichtung der einzelnen Angebote erfolgt am besten über einen so genannten Preisspiegel (siehe oben), in dem die einzelnen Positionen auf der Senkrechten fortlaufend untereinander stehen, während auf der Waagerechten die einzelnen Unternehmer eingetragen werden. Sie können nun genau sehen, wer für welche Position den günstigsten Preis bietet.

Bei der Durchsicht der Ergebnisse der Ausschreibung sollten Sie sich aber darüber im Klaren sein, dass billig nicht zwangsläufig auch preiswert sein muss. Ein billiges Angebot kann sich im weiteren Verlauf auch als ein Angebot herausstellen, das noch nicht einmal diesen Preis wert ist, letztlich also unseriös ist. Genauso gut kann es auch sein, dass hier ein Unternehmer unbedingt zu einem Auftrag kommen will, und von vornherein weiß, dass er die Gewinnzone schließlich nur über die Nachforderungen erreichen wird. All das muss nicht sein, es kann durchaus auch sein, dass Sie eine gute handwerkliche Leistung zu einem fairen Preis angeboten bekommen. Bleiben Sie aber grundsätzlich vorsichtig und lassen Sie sich Referenzen des Handwerkers vorlegen, bevor Sie einen Vertrag abschließen.

5.5 Die Auftragsvergabe an Handwerksunternehmen

Wenn Sie bzw. Ihr Architekt eine sehr gute und umfassende Ausschreibung erstellt haben, ist die weitere Vorgehensweise jetzt sehr einfach. Sie können auf das durch den Handwerker ausgefüllte Leistungsverzeichnis nun einfach einen Zuschlag erteilen, dadurch kommt automatisch ein Bauvertrag zustande. Der Vorteil dieses Verfahrens liegt auf der Hand: Sie haben keine langwierigen Vertragsverhandlungen mit dem Handwerker mehr, sondern können mittels eines einfachen Zuschlagsschreibens einen Vertrag exakt auf Basis der von Ihnen bzw. Ihrem Architekten erstellten Ausschreibung zustande kommen lassen.

5.5.1 Rechtliche Grundlage der Zusammenarbeit

Bauverträge können grundsätzlich entweder nach dem Werkvertragsrecht des Bürgerlichen Gesetzbuches (BGB) geschlossen werden oder aber nach der Vergabe- und Vertragsordnung für Bauleistungen (VOB), früher Verdingungsordnung für Bauleistungen. Wie im Kapitel 5.2 angesprochen geben Sie bereits im Deckblatt der Ausschreibungsunterlagen an, welche Rechtsbasis für eine Zusammenarbeit Sie wählen, BGB oder VOB. Dadurch ist dem Handwerker von vornherein klar, auf welcher Rechtsbasis er arbeiten wird. Ferner kommt bei Ihrer Zuschlagserteilung dann automatisch ein Rechtsverhältnis auf der von Ihnen gewünschten Rechtsbasis zustande. Wie in Kapitel 5.2 ebenfalls erläutert können Sie als Verbraucher aber die VOB nicht mehr vereinbaren, ohne sie einer Inhaltskontrolle nach dem BGB zu unterwerfen. Das heißt, die Regelungen der VOB müssen Verbraucher mindestens gemäß den Vorgaben des BGB, u.a. des BGB-Werkvertragsrechts, behandeln. Wird in Verträgen einfach nur die VOB als Grundlage vereinbart, kann das zur Nichtigkeit einzelner vertraglicher Regelungen führen. Erst die zukünftige Rechtssprechung wird zeigen, welche Regelungen der VOB wie mit Verbrauchern vereinbart sein müssen, dass sie Wirksamkeit erlangen. Da dies zur Zeit noch nicht abzusehen ist, ist momentan das Werkvertragsrecht des BGB sicher die bessere Rechtsbasis für Bauverträge mit Verbrauchern.

5.5.2 Werkvertragsrecht nach BGB und VOB

Da Sie im Rahmen von Bauvorhaben aber ungeachtet der neueren rechtlichen Entwicklungen viel von der VOB hören werden, soll sie nachfolgend trotzdem mit beleuchtet werden, damit Sie die Hintergründe kennen. Während das Werkvertragsrecht des BGB u.a. die allgemeinen Bedingungen für den Austausch von Waren und Dienstleistungen regelt, ist die VOB ein speziell für den Bausektor ausgearbeitetes Regelwerk, das einer Allgemeinen Geschäftsbedingung entspricht. Die VOB besteht aus drei Teilen, Teil A, Teil B und Teil C. Teil A enthält die Bestimmungen für öffentliche Ausschreibungsverfahren. Hier sind exakte Regelungen zu den formalen und inhaltlichen Voraussetzungen öffentlicher Ausschreibungen festgehalten. Der Teil A ist für Sie als privater Bauherr insofern nicht von allzu großer Bedeutung. Sie werden in der Regel nur einen so genannten VOB/B-Vertrag schließen. Ein solcher Vertrag bezieht sich nur auf die VOB/B und ihre Regelungen. Der Teil B der VOB ist eine Art Allgemeine Geschäftsbedingung und enthält z. B. Regelungen zum Bauablauf, also zu Baustart, Baubehinderungen, Bauabnahmen und Gewährleistungen etc. Der Teil B besteht nur aus wenigen Paragraphen – gegenwärtig 18 – in denen aber dezidiert das Vorgehen, z. B. im Falle eines Mangels, geregelt wird. Diese sehr exakten Festlegungen müssen zwar sehr genau eingehalten werden, haben aber den Vorteil, dass sie auch wenig rechtlichen Interpretationsspielraum zulassen. Wer die VOB/B vereinbart, vereinbart automatisch auch die VOB/C mit. Dies regelt § 1 Abs.1 der VOB/B.

Wenn ein VOB-Vertrag geschlossen wird, müssen beide Vertragsparteien die VOB wirksam zur Kenntnis genommen haben. Ist einer der Vertragsparteien zum Zeitpunkt des Vertragsschlusses die VOB nicht wirksam bekannt gemacht worden, kann der VOB-Vertrag nichtig sein. An die Stelle der VOB-Regelungen treten dann die Regelungen des Werkvertragsrechtes nach dem BGB.

Für eine wirksame Zur-Kenntnis-Bringung muss den Vertragsparteien, die die VOB nicht kennen, diese in schriftlicher Form ausgehändigt werden. Bei einem Handwerker kann man davon ausgehen, dass er die VOB kennt, bei einem Bauherrn nicht immer. Daher muss der Handwerker sie Ihnen dann schriftlich aushändigen.

5.5.3 Einheitspreisvertrag und Pauschalpreisvertrag

Basierend auf einer der beiden rechtlichen Grundlagen, entweder BGB oder VOB, können Sie dann als Vertragsmodell entweder einen Einheitspreisvertrag oder einen Pauschalpreisvertrag vereinbaren. Einheitspreisvertrag und Pauschalpreisvertrag unterscheiden sich folgendermaßen:

 Der Einheitspreisvertrag

Beim Einheitspreisvertrag wird auf Grundlage des vorliegenden Angebotes bei der Vergabe zunächst eine vorläufige Vertragssumme vereinbart. Nach Fertigstellung der Arbeiten werden die Mengen der einzelnen Positionen des Angebotes aufgemessen. Diese Daten dienen dann als Grundlage zur Ermittlung des endgültigen Betrags. Der Endpreis kann niedriger oder höher sein als die vorläufige Vertragssumme.

Der Pauschalpreisvertrag

Beim Pauschalvertrag wird bei Vertragsabschluss ein Pauschalpreis vereinbart, der alle Nebenleistungen enthält, die zur ordnungsgemäßen Erbringung der Leistungen notwendig sind. Es findet kein Aufmaß der tatsächlich erbrachten Leistung mehr statt. Mehr- oder Minderleistungen in geringem Umfang werden nicht mehr berücksichtigt. Übersteigen die Mehrleistungen allerdings eine Höhe von 10 bis 20 % wird auch hier nach geltender Rechtsprechung eine Zusatzvergütung anfallen. Gleiches gilt für den Fall, wenn unvorhergesehene Leistungen anfallen. Beispiel: In der Ausschreibung für Erdarbeiten ist das Aushubmaterial als Tonerde beschrieben und auf dieser Basis ein Pauschalpreisvertrag geschlossen worden. Stellt sich bei den Aushubarbeiten heraus, dass es sich um Felsboden handelt, wird es trotz Pauschalpreis zu Mehrkosten kommen.

Beide Vertragsformen haben ihre Vor- und Nachteile. Während Sie beim Einheitspreisvertrag Glück haben können, z. B. weil sich ganze Positionen als überflüssig herausstellen und wegfallen, kann es auch umgekehrt sein, dass Sie eine ganze Reihe von notwendigen Positionen übersehen haben und nun viele Nachforderungen auf Sie zukommen. Dies passiert Ihnen beim Pauschalvertrag nicht, hier steht vorrangig das Ziel im Vordergrund, und dieses muss vom Unternehmer erbracht werden, auch wenn dies in einem gewissen Rahmen zusätzliche Arbeiten erfordert. Allerdings hilft Ihnen, wie beschrieben, auch der Pauschalvertrag nicht in jeder Situation.

Soweit Sie nicht das weiter oben beschriebene Zuschlagsverfahren auf ein durch den Handwerker ausgefülltes und durch Ihren Architekten erstelltes Leistungsverzeichnis wählen, sollten Sie beim Bauvertrag mit ebensolcher Sorgfalt verfahren wie beim Architektenvertrag. Sie haben hierbei allerdings den Vorteil, dass Sie Ihr Architekt aus Eigeninteresse sachlich beraten wird und Ihnen seine Erfahrungen offen legen kann, denn auch er will ja möglichst wenig Ärger mit dem Bauunternehmer und den Bau zügig durchziehen.

Auf folgende Punkte sollten Sie aber in jedem Fall achten:

1. Vereinbaren Sie die Rechtsgrundlage und die Vertragsform, also z. B. Pauschalpreisvertrag nach BGB.

2. Vereinbaren Sie den Vertrag auf Grundlage des vom Unternehmer ausgefüllten Leistungsverzeichnisses inklusive aller Anlagen, wie Detailzeichnungen etc.

3. Benennen Sie im Vertrag die Auftragssumme, z. B. jene aus der Ausschreibung bzw. jene aus den Vergabeverhandlungen. Schreiben Sie fest, wann, wie und in welcher Form der Unternehmer Sie auf evtl. Kostenüberschreitungen aufmerksam machen muss.

4. Vereinbaren Sie klare Regelungen zur Abwicklung der Rechnungszahlungen. Vereinbaren Sie diese aber in jedem Falle nach dem Prinzip der primären Leistungserbringung und dann nachfolgender Zahlung. Für den Fall dass Sie Ratenzahlungen vereinbaren, heißt dies z. B., dass Sie erst nach auch wirklich erbrachter mangelfreier Leistung und Zwischenabnahmen mit dem Architekten Gelder freigeben.

5. Vereinbaren Sie die verbindliche Einhaltung eines Bauzeitenplanes und einen verbindlichen Fertigstellungstermin, evtl. mit Konventionalstrafe bei Nichterfüllung. Vereinbaren Sie auch alle Einzeltermine aus dem Bauzeitenplan als Vertragstermine.

6. Vereinbaren Sie einen Sicherheitseinbehalt während der Gewährleistungszeit. Dieser kann vom Unternehmer ggf. durch eine Bankbürgschaft abgelöst werden.

7. Benennen Sie die Anlagen des Vertrages, z. B. Leistungsverzeichnisse, Pläne, Bauzeitenplan, Nachweise über Eintragungen bei der Handwerkskammer, Versicherungsnachweise.

8. Vereinbaren Sie eine salvatorische Klausel, d. h., dass bei Ungültigkeit eines Paragraphen des Vertrages nicht gleich der ganze Vertrag ungültig ist.

9. Vergessen Sie nicht, ein vereinbartes Skonto in den Vertrag aufzunehmen.

Tipp:
Es ist immer zu empfehlen, sich den Vertragsentwurf zunächst in Ruhe alleine und dann gemeinsam mit dem Architekten durchzusehen. So können Sie die Vertragsverhandlungen in Ruhe und fachlich fundiert vorbereiten. Denn, wie beim Architektenvertrag auch, steckt der Teufel hier oft im Detail.

10. Vereinbaren Sie den Gerichtsstand.

11. Legen Sie einen solchen Vertrag vor Unterzeichnung zur präventiven Prüfung einem Fachanwalt für Bau- und Architektenrecht vor.

Sehr sinnvoll ist es, im Nachgang zu der preislichen Auswertung der Leistungsverzeichnisse auch ein Bietergespräch mit dem Handwerker zu seinem Angebot zu führen. Ein solches Bietergespräch kann auch eine Preisverhandlung sein. Im Gegensatz zu öffentlichen Auftraggebern ist Ihnen als privater Auftraggeber dies gestattet. Ein Bietergespräch hilft, um sich zusätzliche Klarheit über ein vorliegendes Angebot zu verschaffen.

Am besten werden solche Gespräche direkt auf der Baustelle geführt. Hierbei sollten alle kritischen Punkte angesprochen werden, die die jeweiligen Leistungserbringungen und deren Grundlagen und Voraussetzungen betreffen. Dies betrifft z. B. Dinge wie die Zugänglichkeit der Baustelle. Ihr Architekt sollte hierzu ein Protokollformular vorbereiten, in dem alle problematischen Positionen oder unklaren Leistungswünsche aus dem Leistungsverzeichnis vor Ort durchgegangen werden. Fragen Sie den Handwerker, welche Unklarheiten er im Leistungsverzeichnis bemerkte, welche Lösung er vorschlägt und ob daraus Mehrkosten entstehen.

Tipp:

Das Protokoll dieses Aufklärungsgespräches über die zu erbringenden Leistungen sollte unmittelbar nach dem Gespräch vom Handwerker gegengelesen und gegengezeichnet und im Auftragsfall Vertragsbestandteil werden.

6 Besonderheiten bei der Vorbereitung und Planung von Umbauten, Anbauten, Ausbauten und Modernisierungen

Soweit Sie einen Umbau, einen Anbau, einen Ausbau, eine Sanierung oder eine Modernisierung planen, ergeben sich zusätzliche bzw. andere Voraussetzungen, die rechtzeitig vor Baubeginn geklärt sein müssen. Daher widmet sich dieses Kapitel den speziellen Anforderungen an die Vorbereitung eines Umbaus, Anbaus oder einer Modernisierung. Soweit Sie einen Neubau planen ist das Kapitel für Sie nur dann interessant, wenn auf dem von Ihnen erworbenen Grundstück z. B. Altbausubstanz steht, die abgerissen und entsorgt werden muss. Denn auch das Thema Rückbau wird im vorliegenden Kapitel behandelt.

6.1 Begriffsdefinitionen

Nicht immer wird mit Begriffen wie Umbau oder Modernisierung richtig umgegangen. Häufig werden die falschen Begriffe verwendet. Es ist aber wichtig, die Begrifflichkeiten voneinander zu trennen, da sich u.a. die Honorarberechnung des Architekten hiernach richtet (siehe Kapitel 3). Der § 2 der HOAI definiert die unterschiedlichen Begrifflichkeiten wie folgt:

- „**Erweiterungsbauten** sind Ergänzungen eines vorhandenen Objekts."
- „**Umbauten** sind Umgestaltungen eines vorhandenen Objekts mit Eingriffen in Konstruktion oder Bestand."
- „**Modernisierungen** sind bauliche Maßnahmen zur nachhaltigen Erhöhung des Gebrauchswertes eines Objektes (…)."
- „**Raumbildende Ausbauten** sind die innere Gestaltung oder Erstellung von Innenräumen ohne wesentliche Eingriffe in Bestand oder Konstruktion; (…)"
- „**Instandsetzungen** sind Maßnahmen zur Wiederherstellung des zum bestimmungsmäßigen Gebrauch geeigneten Zustands (Soll-Zustandes) eines Objekts (…)."
- „**Instandhaltungen** sind Maßnahmen zur Erhaltung des Soll-Zustandes eines Objekts."

6.2 Rechtliche Voraussetzungen

Je nachdem, welches Bauprojekt bei Ihnen ansteht, müssen verschiedene rechtliche Regelungen beachtet werden:

- Darf bei einem geplanten Anbau überhaupt angebaut werden?
- Und wenn, in welchem Umfang darf dann angebaut werden?
- Steht dem Anbau oder Umbau Altbausubstanz im Wege, die abgerissen werden muss?
- Darf diese Altbausubstanz abgerissen werden?
- Ist bei einem Ausbau der bislang ungenutzte Raum überhaupt als Wohnraum geeignet und rechtlich zulässig (Raumhöhe in allen Bundesländern außer Baden-Württemberg und Berlin mindestens 2,40 m, in Baden-Württemberg mindestens 2,30 m, in Berlin mindestens 2,50 m, Belichtung – Rohbauöffnungsgröße des Fensters – in der Regel mindestens 10 % der Raumgrundfläche)?
- Wenn neue, separate Wohneinheiten geschaffen werden sollen: Sind schall- und brandschutztechnische Bestimmungen einzuhalten?
- Bei neu zu schaffenden Wohneinheiten außerdem: Sind ausreichend Stellplätze für Fahrzeuge vor dem Gebäude nachweisbar?
- Steht das Gebäude unter Denkmalschutz?
- Enthält es giftige Substanzen, deren Sanierung besondere Voruntersuchungen und rechtliche Genehmigungen erfordert?

Auch die Überprüfungen hinsichtlich der Umbau-, Anbau-, Sanierungs- oder Modernisierungsfähigkeit eines Gebäudes können Sie also durchaus ohne einen Architekten vornehmen. Sinnvoll kann in jedem Fall aber ein Vorgespräch mit den jeweiligen Fachbehörden Ihrer Kommune sein, also Bauamt, Denkmalschutzamt oder Umweltamt. Sie können sich dort einen Termin geben lassen und zu einem solchen Termin den für Ihr Grundstück geltenden Bebauungsplan mitnehmen. Wichtig ist, dass Sie darauf achten, dass Sie einen aktuellen Bebauungsplan dabei haben. Manchmal ändern die Städte und Gemeinden Bebauungspläne im Laufe der Jahre. Den Ausschnitt eines aktuellen Bebauungsplanes erhalten Sie ebenfalls bei Ihrer Kommune, meistens beim Bauamt.

6.3 Gebäudeuntersuchung

Um den Bedarf beim Bauen im Bestand zu ermitteln ist eine vorgeschaltete, äußerst sorgsame Analyse besonders wichtig. Man sollte an dieser keinesfalls sparen. Eine gute Analyse der Gebäudesubstanz betrifft insbesondere folgende Untersuchungspunkte, die alle unter Berücksichtigung der geplanten Veränderungen untersucht werden müssen:

- Statik (Berechnung zu den tragenden Wand- und Deckenelementen)
- Bausubstanz (Wand- und Deckenaufbau, alle Schichten und Materialien)
- Energetische Bestandsaufnahme
- Toxikologie der Bestandsbaustoffe und Risiko von deren Freilegung (z. B. Asbest, Mineralwolle, Teerkleber, Ölanstriche, Holzschutzmittel etc.)
- Schädlingsbefall (z. B. in Holzteilen des Dachstuhls).

Diese Untersuchungen sollten ausschließlich von Fachleuten durchgeführt werden. Die Statik durch einen Statiker, die Gebäudesubstanz durch einen Bauingenieur oder Architekten, die energetische Bestandsaufnahme durch einen Energieberater, der von der Bundesanstalt für Wirtschaft und Ausfuhrkontrolle (Bafa) zugelassen ist, toxikologische Untersuchungen und Untersuchungen auf Schädlingsbefall durch einen Umweltingenieur.

Eine exakte Gebäudeuntersuchung kann sehr schnell zu notwendigen Veränderung der ursprünglich überlegten Planung führen. Häufig führt dies zu Mehrkosten. Durch eine umfassende und exakte Untersuchung können Sie bestimmte Unsicherheiten minimieren. Wollen Sie beispielsweise einen Dachstuhl ausbauen und Sie stellen mitten im Bauablauf fest, dass das Dachstuhlholz mit toxikologisch bedenklichen Holzschutzmitteln behandelt ist, wird dies unweigerlich zu hohen Mehrkosten und erheblichen Zeitverzögerungen führen. Gleiches gilt z. B. für den Fall, dass Sie Ihren Bestandsdachstuhl besonders gut dämmen wollen, plötzlich aber feststellen, dass er für das Tragen solcher Lasten nicht ausgelegt ist und Sie theoretisch zunächst einen neuen Dachstuhl benötigen. Oder aber Sie wollen bei einem Umbau verschiedene Durchbrüche vornehmen, die aber ohne besondere statische Maßnahmen nicht umsetzbar sind. Auch dann werden sie es mit Mehrkosten und Zeitverzögerungen zu tun haben.

6.4 Planung

Bei der Planung von Vorhaben im Bestand rückt häufig die Detailplanung in den Vordergrund. Meist sind es Anschlussdetails einzelner Bauteile, die sehr sauber geplant und dargestellt sein müssen. Ob es nun der Anschlusspunkt vom Altbau an den Neubau ist mit allen Keller-

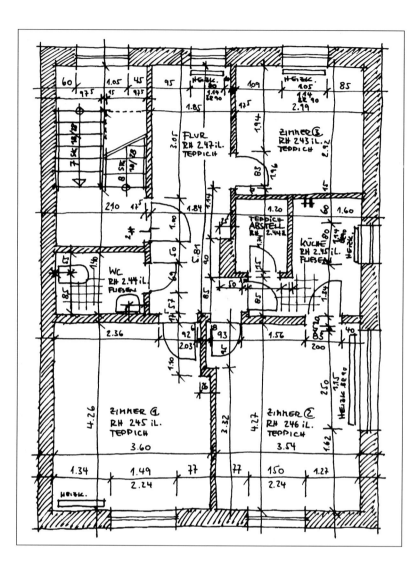

Abb. 33:
Skizze eines Aufmaßes

dichtungen und Dachüberständen oder vom alten Mauerwerk an das neue Fenster oder aber vom alten Bodenbelag an den neuen. Immer ist eine saubere Detailplanung von großer Wichtigkeit. Hierzu ist vor allem auch ein exaktes Aufmaß des Bestandsgebäudes notwendig.

Keinesfalls kann man sich auf vorgefundene Pläne verlassen. Häufig wurde während der Errichtung des Gebäudes auf der Baustelle doch anders entschieden oder gearbeitet als im Plan verzeichnet. Wichtig für ein solches Aufmaß ist auch, dass man notfalls an bestimmten Punkten bestehende Bausubstanz auch öffnet, um Klarheit darüber zu erlangen, wie stark z. B. ein Bodenaufbau wirklich ist, wie stark ein Estrich oder auch eine Decke wirklich ist, wo Rohrleitungen wirklich verlaufen etc.

Eine sorgsame Detailplanung ist deswegen wichtig, weil durch sie klar wird, wie viel Detailarbeit notwendig wird. Denn gerade diese ist handwerklich oft sehr aufwändig und teuer und muss daher vorab so exakt wie möglich in der Kalkulation berücksichtigt werden. Außerdem sollten natürlich nur so selten wie irgend möglich während der laufenden Baustelle komplizierte Detailprobleme ad hoc gelöst werden müssen. Dies führt meist zu erheblichen Zeitverzögerungen und auch nur selten zur bestmöglichen Lösung.

Sehr komplizierte Detailprobleme sollten während der Planungsphase vor Ort mit erfahrenen Handwerkern durchgesprochen werden.

6.5 Kostenermittlung

Die DIN 276 „Kosten im Hochbau" ist für die Ermittlung anfallender Kosten bei Umbauten, Anbauten, Ausbauten, Sanierungen und Modernisierungen nur bedingt geeignet. Sie ist vom Aufbau her nur auf Neubauten abgestellt.

Beim Bauen im Bestand empfiehlt es sich, für die Kostenschätzung einen anderen Weg zu wählen, mindestens aber eine DIN-Berechnung über diesen Weg gegenzuprüfen. Eine Möglichkeit ist hierbei, alle anfallenden einzelnen Arbeitsschritte detailliert aufzulisten, auch wenn dies schnell über 100 Einzelschritte sein können, und ihre Kosten pro Einheit (also pro Stück, pro m^2, pro m^3, pro kg oder auch pro Tonne) auf das Gesamtvorhaben umzurechnen. Hierbei müssen sowohl die Material- wie auch die Arbeitskosten berücksichtigt werden.

Wenn Sie also z. B. die Fenster Ihres Hauses wechseln wollen, ist es sinnvoll, zunächst alle Arbeitsschritte aufzuschreiben:

- Anfahrt Unternehmer
- Bestandsschutzmaßnahmen innen und außen
- falls notwendig: Gerüststellung
- Ausbau altes Fenster
- Einbau neues Fenster inklusive Materialkosten neues Fenster
- Abtransport und Entsorgung altes Fenster
- Abfahrt Unternehmer
- Reparaturmaßnahmen an Wand und Tapete rund um das neue Fenster.

Diese Berechnung kann nun für jedes Fenster erfolgen. Sie müssen also auch wissen, wie viele Fenster Sie wechseln wollen oder müssen. Sie sollten ferner die Stückkosten eines neuen Fensters kennen und wie lange der Ausbau eines alten Fensters und der Einbau eines neuen Fenster in etwa dauert. Soweit eine Gerüststellung notwendig ist, muss auch diese natürlich berücksichtigt werden.

Wenn Sie dieses Modell nun z. B. auf die Sanierung einer Heizungsanlage anwenden, haben Sie nicht acht Arbeitsschritte, sondern natürlich sehr viel mehr. Gleiches gilt, wenn Sie einen kompletten Dachausbau vornehmen. Die Berechnung der Kosten eines Umbaus über das System der anfallenden Arbeitsschritte ist für Umbauten, Ausbauten, Sanierungen und Modernisierungen aber trotz des Aufwands wesentlich besser geeignet als die DIN 276. Diese kann allenfalls bei Anbauten für einen neuen Baukörper Anwendung finden. Aber schon bei den Anschlussarbeiten des alten Baukörpers an den neuen, kann die Arbeitsschrittmethode genauere Kostendaten liefern.

6.6 Terminplanung

Bei der Terminplanung von Bauvorhaben im Bestand gibt es einen ganz wesentlichen Unterschied zu Neubauvorhaben: Sehr häufig sind Bestandsgebäude auch während der Umbauzeit bewohnt. Das bedeutet, dass die gesamte Umbauplanung vor allem Rücksicht auf die Bewohner nehmen muss. So wäre es beispielsweise aus Gründen der optimalen Baustellensteuerung wünschenswert, alle Sanitäranlagen gleichzeitig zu wechseln. Dies hieße aber, dass die Bewohner unter Umständen für zwei bis drei Wochen kein fließendes Wasser hätten, weder zum Baden oder Duschen noch für die WC-Spülung. Dies ist nicht möglich. Daher muss die Terminplanung für einen Umbau im Gegensatz zur Terminplanung für einen Neubau vor allem die Bewohnerbelange berücksichtigen. Dies gilt z. B. auch für die Belegung der einzelnen Räume eines Gebäudes während des Umbaus. So kann es sein, dass während eines Umbaus ein Umzug innerhalb des Hauses erfolgen muss, von einem noch nicht umgebauten Teil in einen umgebauten. Auch eine solche Belegungsplanung muss Berücksichtigung finden. Hierbei sollte auch auf die Zugänglichkeit des Gebäudes, einerseits für Handwerker, andererseits für die Bewohner geachtet werden, beides möglichst getrennt. Sehr wichtig ist auch die Berücksichtigung von Urlaubszeiten der Bewohner, genauso wie die Berücksichtigung von notwendigen Ruhezeiten, z. B. vor wichtigen Prüfungsphasen oder Ähnlichem.

Sinnvoll vor der Erstellung eines Terminplans für einen Umbau ist daher ein gemeinsames Gespräch aller beteiligten Bewohner mit dem Planer.

Hierbei sollten alle kritischen Zeitphasen auf den Tisch gelegt werden: Prüfungen, Geburtstage, Hochzeiten, Urlaub etc. Um diese herum kann dann der Terminplan für das Bauprojekt erstellt werden, nicht umgekehrt.

6.7 Baueingabe und besondere behördliche Anträge

Bei der Baueingabe von Bauvorhaben im Bestand sind in aller Regel zwei Besonderheiten gegenüber Neubauten zu berücksichtigen. Zum einen müssen Gebäudeteile innerhalb des Bestandsgebäudes, die abgerissen oder neu errichtet werden sollen, farblich kenntlich gemacht werden (Rückbau gelb, Neubau rot), zum anderen muss für Gebäude, die komplett abgerissen werden sollen ein eigener Antrag eingereicht werden.

Sofern Sanierungen durchgeführt werden, bei denen toxisch problematische Stoffe freigelegt und entsorgt werden, müssen rechtzeitig die entsprechenden Entsorgungsgenehmigungen beantragt werden. Dies geschieht bei kleineren Mengen in aller Regel über das örtliche Abfallamt, bei größeren Mengen meist über die Sonderabfallagenturen der Bundesländer.

Ferner sollte rechtzeitig auch die örtliche Gewerbeaufsicht über das Bauvorhaben informiert werden, damit diese alle Arbeits- und Umfeldschutzmaßnahmen kontrollieren kann.

7 Die Bauphase

Wenn die Baugenehmigung erteilt wurde, die Ausführungsplanung abgeschlossen ist und die ersten Aufträge an Unternehmen vergeben sind, kann die Bauphase beginnen. Der von Ihnen beauftragte Bauleiter trägt mit seinem Engagement wesentlich dazu bei, dass ein Bauvorhaben reibungslos durchgeführt wird. Er sollte die Baustelle so betreuen, als wäre es die seines eigenen Hauses. Wenn Sie zum Beispiel bei einem Umbauvorhaben einen Architekten nur für die Bauleitung einschalten möchten, sollten Sie daher im Vorfeld klären, dass er nicht zu viele Projekte parallel bearbeitet. Schaut er nur gelegentlich auf der Baustelle vorbei, kann er im Vorfeld keine Fehler erkennen. Das folgende Kapitel erläutert die Aufgaben des Architekten während der Bauphase.

7.1 Die Aufgaben des Bauleiters

Die Leistungsphase 8 „Objektüberwachung" ist das umfangreichste Aufgabengebiet des Architekten, für das er mit 31 % auch den größten Anteil am Gesamthonorar erhält. Er muss sicherzustellen, dass ein mangelfreies Gebäude entsteht, und hierzu gehört wesentlich mehr als die reine Kontrolle der Arbeiten vor Ort. Häufig trifft den Bauleiter eine Mitschuld am Entstehen von Mängeln, weil er seine Arbeit nicht sorgfältig genug erbringt. Die folgenden Leistungen gehören zu den Grundleistungen des Architekten in dieser Leistungsphase:

- Planprüfung
- Kenntnis der Baugrundverhältnisse
- Koordinierung von Sicherungsmaßnahmen
- Terminplanung
- Überwachung der Ausführung
- Anwesenheit bei kritischen Bauphasen
- Koordination aller Beteiligten
- Bautagebuch
- Kontrolle der Sicherheit auf der Baustelle
- Eignungsprüfung von Baustoffen oder deren Beauftragung
- Aufmaß von Unternehmerleistungen und Rechnungsprüfung
- technische Abnahme von Unternehmerleistungen

- Steuerung der Mängelbeseitigung
- Rechnungsprüfung
- behördliche Abnahmen
- Kostenfeststellung
- Kostenkontrolle
- Übergabe des Bauwerks.

Planprüfung
Für den Fall, dass der mit der Objektüberwachung beauftragte Architekt nicht auch die Ausführungsplanung erstellt hat, muss er alle ihm zur Verfügung gestellten Pläne auf Vollständigkeit und Richtigkeit hin überprüfen. Kommt es aufgrund fehlerhafter Planung zu Problemen auf der Baustelle, ist er dafür mitverantwortlich.

Kenntnis der Baugrundverhältnisse
Sind die Baugrundverhältnisse unbekannt, muss sich der Architekt hierüber kundig machen, ggf. durch eine Baugrunduntersuchung.

Koordinierung von Sicherungsmaßnahmen
Besteht die Gefahr, dass durch Aushubarbeiten die Standsicherheit von Nachbargebäuden gefährdet ist, muss der Architekt entsprechende Sicherungsmaßnahmen veranlassen, z. B. die Unterfangung von Gebäudeteilen. Gleiches gilt für die Absicherung von Straßen und Wegen (siehe Kapitel 7.2 Seite 112).

Terminplanung
Die Aufstellung eines Bauzeitenplans, z. B. in Form eines Balkendiagramms (siehe Seite 77), gehört ebenfalls zu den Aufgaben dieser Leistungsphase. Der Bauzeitenplan muss regelmäßig kontrolliert und ggf. nachgebessert werden.

Überwachung der Ausführung
Der Architekt muss sicherstellen, dass alle eventuellen Auflagen aus der Baugenehmigung in den Bauprozess mit einfließen, dass beim Bauen die allgemein anerkannten Regeln der Technik berücksichtigt werden und die Ausführung der Arbeiten mit den Vorgaben aus den Ausführungsplänen übereinstimmt. Reichen seine Kenntnisse im Einzelfall nicht aus, z. B. hinsichtlich der Ausführung von Arbeiten in Übereinstimmung mit dem Standsicherheitsnachweis, muss er die Einschaltung von Fachleuten empfehlen.

Anwesenheit bei kritischen Bauphasen

Können Arbeiten zu einem späteren Zeitpunkt nicht mehr kontrolliert werden, weil sie z. B. durch Erdreich verdeckt sind (Abdichtungsarbeiten an Kellerwänden), oder von anderen Bauteilen verdeckt werden (Trittschalldämmung unter dem Estrich), muss der Architekt zum Zeitpunkt der Ausführung anwesend sein, um die mangelfreie Erstellung zu kontrollieren.

Koordination aller Beteiligten

Neben der Überwachung und Koordination der einzelnen Unternehmen müssen auch beteiligte Fachingenieure entsprechend dem Bauablauf informiert und eingeschaltet werden, z. B. die Kontrolle der Bewehrung durch den Statiker oder das Einmessen des Gebäudes durch den Vermessungsingenieur.

Bautagebuch

Das Führen eines Bautagesbuchs ist für den Architekten Pflicht, auch wenn dies bei kleineren Bauvorhaben häufig vernachlässigt wird. Die Eintragungen sollten Angaben über die Wetterverhältnisse, die Anwesenheit von Firmen, die Anlieferung von Bauteilen sowie getroffene Anordnungen etc. enthalten (siehe Seite 121).

Kontrolle der Sicherheit auf der Baustelle

Zur Objektüberwachung gehört auch die Sicherstellung der Arbeitsschutzbestimmungen auf der Baustelle. Der Architekt muss außerdem dafür sorgen, dass die Baustelle gegen unbefugtes Betreten abgesichert ist und durch das Bauvorhaben keine Gefahren für Dritte ausgehen.

Eignungsprüfung von Baustoffen oder deren Beauftragung

Vor dem Einbau von Bauteilen oder Baustoffen müssen diese auf Eignung und Übereinstimmung mit den Ausschreibungsunterlagen geprüft werden, bei Dämmstoffen beispielsweise hinsichtlich der Zulässigkeit für den geplanten Einbau und hinsichtlich Übereinstimmung von Dicke und Wärmeleitfähigkeit mit den Ausschreibungsunterlagen. Bei der Verwendung neuartiger Baustoffe muss der Architekt den Bauherrn darauf hinweisen, dass noch keine langjährige Erfahrung über die Beständigkeit vorliegt. Kann er Prüfungen nicht selbst vornehmen, muss er ggf. eine Überprüfung veranlassen.

Aufmaß von Unternehmerleistungen und Rechnungsprüfung

Eine wesentliche und letztlich auch kostenrelevante Leistung ist das gemeinsame Aufmaß von erbrachten Leistungen mit dem Unternehmer, sofern keine Pauschalpreisvereinbarung vorliegt. Nur hierdurch wird auch eine korrekte Abrechnung sichergestellt. Außerdem gehört die rechnerische und rechtliche Rechnungsprüfung zu den Aufgaben des Architekten in dieser Leistungsphase.

Technische Begutachtung von Unternehmerleistungen

Vor der eigentlichen Abnahme können so genannte technische Begutachtungen von Bauleistungen notwendig werden, die zu einem späteren Zeitpunkt nicht mehr sichtbar sind. Die Kontrolle der Beseitigung hierbei festgestellter Mängel durch den Unternehmer gehört ebenfalls zu den Grundleistungen des Architekten in dieser Phase.

Steuerung der Mängelbeseitigung

Stellt der Architekt Mängel fest, muss er diese unverzüglich rügen und den Unternehmer unter Fristsetzung zur Beseitigung auffordern. Weigert sich der Unternehmer, eine Mängelbeseitigung vorzunehmen, muss er den Bauherrn darüber informieren und die weitere Vorgehensweise beraten.

Rechnungsprüfung

Der Bauleiter übernimmt auch die Prüfung der Teil- und Schlussrechnungen der Handwerker und gibt diese nach Prüfung mit der Bitte um Anweisung der geprüften Rechnungssumme weiter an den Bauherrn.

Behördliche Abnahmen

Zu den behördlichen Abnahmen gehören alle durch die Landesbauordnung festgelegten Teil- und Schlussabnahmen. Der Architekt muss rechtzeitig die dafür erforderlichen Anträge vorbereiten.

Kostenfeststellung

Eine weitere zentrale Leistung ist die Kostenfeststellung, also die Schlussabrechnung des gesamten Bauwerks nach den tatsächlich angefallenen Kosten.

Kostenkontrolle

Um die Kostenentwicklung transparent zu machen, gehört zur Kostenkontrolle die gewerkeweise Gegenüberstellung von Kostenanschlag und Kostenfeststellung, damit der Bauherr genau nachvollziehen kann, wo es zu Kostenüber- bzw. Kostenunterschreitungen gekommen ist.

Übergabe des Bauwerks

Zur Übergabe des Bauwerks nach Fertigstellung gehört die Aushändigung sämtlicher Unterlagen an den Bauherren. Dies beinhaltet beispielsweise alle Pläne, auch die von Fachingenieuren, die Schlussabrechnung des Gebäudes, alle Abnahme- und Prüfprotokolle, Bedienungsanweisungen und Schlüssel. Außerdem muss der Architekt alle Gewährleistungsfristen aufführen, damit der Bauherr die Möglichkeit einer jeweiligen Prüfung der Bauleistung auf Mängel vor Ablauf dieser Fristen hat.

7.2 Sicherheits- und Gesundheitsschutz auf der Baustelle

Um die Sicherheit und den Arbeitsschutz auf Baustellen zu gewährleisten, trat am 1. Juli 1998 die Verordnung über Sicherheit und Gesundheitsschutz auf Baustellen (BaustellenV) in Kraft. Sie fordert die Einschaltung eines so genannten Sicherheits- und Gesundheitskoordinators (SIGEKO), um die Sicherheits- und Gesundheitsrisiken für Arbeiter und Passanten so gering wie möglich zu halten. Er muss eingeschaltet werden, wenn Beschäftigte mehrerer Arbeitgeber auf der Baustelle tätig sind.

Geregelt wird dies durch § 3 der Baustellenverordnung „Koordinierung".Dies ist bereits bei der Errichtung eines Einfamilienhauses gegeben. Bauleiter und Bauherr haben die Verantwortung für die Sicherheit auf der Baustelle. Die SIGEKO-Qualifikation kann im Rahmen einer Zusatzausbildung erworben werden, die bereits viele Architekten besitzen. Der Sicherheits- und Gesundheitsschutz auf Baustellen gliedert sich in die Bereiche:

- Absicherung der Baustelle nach außen
- Arbeitsschutz auf der Baustelle
- Umgang mit Gefahrstoffen auf der Baustelle.

Werden Unfallschutzvorschriften nicht eingehalten und kommt es in der Folge zu Unfällen, kann nicht nur der Bauleiter, sondern auch der Bauherr zur Verantwortung gezogen werden. In den nachfolgenden Kapiteln werden daher die genannten Bereiche des Sicherheits- und Gesundheitsschutzes näher erläutert.

Unabhängig hiervon sollten Bauherr, SIGEKO und Architekt auch eine Baustellenordnung ausarbeiten.

7.2.1 Absicherung der Baustelle nach außen

Die Absicherung erfolgt mit einzelnen, miteinander fest verbundenen Bauzaunelementen, die entlang der Grundstücksgrenzen stehen. Damit wird ein unbeabsichtigtes Betreten des Gefahrenbereichs durch Passanten verhindert, aber auch ein mutwilliges Betreten erschwert. Entlang der Absicherung müssen in regelmäßigen Abständen Warnhinweise befestigt sein, die auf das Verbot des Betretens der Baustelle hinweisen und auf die Haftungsfolgen aufmerksam machen.

Die Zugänge auf die Baustelle sollten mittels Torelementen erstellt werden, die nicht in den Straßenraum aufschlagen dürfen. Sie müssen außerhalb der Arbeitszeiten geschlossen sein. Absicherungen im öffentlichen Verkehrsraum müssen gut ausgeschildert und nachts beleuchtet sein.

Besteht im Bereich der Baustelle die Gefahr, dass Passanten durch herabstürzende Gegenstände verletzt werden können, muss in diesem Bereich auch ein Schutzdach erstellt werden.

Nach Fertigstellung der Absicherungsmaßnahmen sollte ein Ortstermin mit der Bauaufsichtsbehörde erfolgen, damit diese eine Prüfung vornehmen kann und ggf. geforderte Nachbesserungen vor Beginn der Bauarbeiten umgesetzt werden können.

Bei längeren Stillstandszeiten der Baustelle wie z. B. Ferienzeiten, kann es sinnvoll sein, einen Wachdienst mit Kontrollgängen zu beauftragen.

7.2.2 Arbeitsschutz auf der Baustelle

Baustellen unterliegen einer ganzen Reihe gesetzlicher Arbeitsschutzvorschriften. Dies betrifft beispielsweise die Einhaltung von Arbeitszeiten und Ruhezeiten genauso wie das Tragen ordnungsgemäßer Schutzkleidung oder die Bereitstellung sanitärer Einrichtungen. Verstöße gegen Arbeitsschutzvorschriften führen je nach Schwere des Vorfalls zu Bußgeldern oder einer vorübergehenden Einstellung der Arbeiten.

Die Internetseiten des Bayrischen Landesamtes für Gesundheit und Lebensmittelsicherheit enthalten einen guten Überblick über alle Gesetze, Verordnungen und Richtlinien unter www.lgl.bayern.de. Sie sollten alle Bestimmungen bereits in den Ausschreibungstexten zur Grundlage für die Auftragserteilung machen lassen.

Folgende wichtige Punkte sollten im Baustellenablauf unbedingt berücksichtigt werden:

- Notruf-Informationen bei Feuer oder Unfällen
- Schutzausrüstung
- Sicherheitseinrichtungen
- Maschinensicherheit

- Stromsicherheit
- Hilfsmittelsicherheit
- Arbeitszeiten und Ruhezeiten
- Sanitäreinrichtungen.

Notruf-Informationen bei Feuer oder Unfällen

Bei Unfällen oder Feuer kommt es auf jede Minute an. Meist stehen die Beteiligten jedoch unter Schock. Ein witterungsfester, in Folie eingeschweißter Notrufplan, der an mehreren Stellen auf der Baustelle sichtbar befestigt ist, kann dann eine große Hilfe sein. Er sollte folgende Informationen enthalten:

Notrufplan: (Bauvorhaben)

Wichtige Angaben bei einem Notruf:

Wer meldet?	Was geschah?	Welche Verletzungen?
Wo geschah es?	Wie viele Verletzte?	Rückfragen abwarten!

Unfall

Telefon — Verbandskasten an gekennzeichneten Stellen

Nächster Unfallarzt: Straße: / Ort: — Tel:

Nächster Krankenhaus: Straße: / Ort: — Tel:

Feuer

Telefon — Feuerlöscher an gekennzeichneten Stellen

Handlungsweise bei Feuer:

Erst Menschen retten	Bei Brand elektrischer Anlagen:	Gefahrenbereich verlassen
Dann Brand bekämpfen	Strom abschalten, nicht mit Wasser löschen	Feuerwehr einweisen

Anschrift, Tel. SIGEKO (falls vorhanden)	Anschrift, Tel. Bauleiter	Anschrift, Tel. Bauherr

Abb. 34: Notrufplan

Schutzausrüstung

Arbeiten sollten auf Ihrer Baustelle nur durch Arbeiter mit ausreichender Schutzkleidung ausgeführt werden. Hierzu gehören je nach Tätigkeit:

- Stahlkappenschuhe mit Stahlsohlen
- Bauhelm
- Signaljacke, im Sommer Signalweste
- Schutzbrillen
- Gehörschutz in den vorgeschriebenen Schutzklassen
- Atemmasken in den vorgeschriebenen Filterklassen
- Schutzhandschuhe
- Vollkörperschutz, z. B. als Kontaminierungsschutz.

Sicherheitseinrichtungen

Hierunter versteht man beispielsweise Feuerlöscher und Erste-Hilfe-Kästen, die an besonders gekennzeichneten Stellen vorgehalten werden müssen, aber auch Absturzsicherungen aller Art wie z. B. Geländer an absturzgefährdeten Bereichen.

Maschinensicherheit

Hierzu gehört zum einen die Betriebssicherheit der Maschinen, zum anderen die Sicherheitsmaßnahmen seitens der Benutzer.

Maschinen müssen einen aktuellen Schutzstand haben, bei Kreissägen beispielsweise ein Sägeblattschutz. Sie müssen standsicher aufgebaut und gut ausgeleuchtet sein. Hinsichtlich der Geräuschentwicklung müssen Grenzwerte eingehalten werden.

Wer an den Maschinen arbeitet, muss entsprechende Kleidung tragen, z. B. anliegende Kleidung bei Arbeiten an der Kreissäge. Lange Haare sollten nicht offen getragen werden. Zur entsprechenden Kleidung gehören auch rutschfestes Schuhwerk sowie bei Bedarf Schutzbrillen, Gehörschutz oder Atemmasken.

Stromsicherheit

Besondere Sicherheitsanforderungen gelten für die Stormversorgung der Baustelle. Der Baustromverteiler sollte wasserdicht und in einem guten Zustand sein und über eine abschließbare Fronttür verfügen, die jeden Abend verschlossen werden muss. Er muss standfest aufgestellt werden. Die Steckdosen im Baustromkasten müssen an den Enden mit Kappen versehen und spritzwassergeschützt sein. Werden Arbeiten am

Baustromverteiler notwendig, dürfen diese nur durch einen Elektriker ausgeführt werden. Werden auf der Baustelle Leuchten verwendet, müssen diese mindestens spritzwassergeschützt sein.

Hilfsmittelsicherheit

Unter Hilfsmitteln versteht man z. B. Leitern, Stege, Geländer und Gerüste. Auch sie unterliegen Sicherheitsvorschriften. Leitern sollten nach Möglichkeit aus Metall und in gutem Zustand sein, nur an soliden Anlehnpunkten stehen und mindestens einen Meter über den Austrittpunkt hinaus ragen. Laufstege sollten rutschfest sein und ein seitliches Geländer haben. Deckenöffnungen sollten sowohl mit Bohlen bedeckt werden als auch mit einem Geländer versehen sein. Gerüste müssen auf festem Grund mit einer Bohlenunterlage zur Lastverteilung stehen und zusätzlich verankert werden. Die Laufstege von Gerüsten müssen aus einem sicheren Bohlen- oder Metallbelag bestehen und mit einem seitlichen Geländer versehen sein, das auch über die Kopfseiten geführt ist. Muss ein Gerüst umgestellt werden, dürfen diese Arbeiten nur durch den zuständigen Gerüstbauer durchgeführt werden.

Arbeitszeiten und Ruhezeiten

Im Interesse einer guten späteren Nachbarschaft kann es sinnvoll sein, bereits in die Ausschreibungsunterlagen Festlegungen zu einem frühesten Arbeitsbeginn und einem spätesten Arbeitsende, außerdem zur Samstagsarbeit zu treffen. Auch mittags sollte eine angemessene Ruhezeit von ca. einer Stunde eingehalten werden. Eine Baustelle, die von 7 Uhr morgens bis 20 Uhr abends ohne Mittagspause ein halbes Jahr andauert, und bei der auch Samstags Radios in voller Lautstärke die Umgebung beschallen, ist für die Nachbarschaft eine Zumutung.

Derartige Regelungen sollten unbedingt bereits in die Ausschreibungsunterlagen mit aufgenommen werden, damit die Unternehmer dies bei der Kalkulation ggf. berücksichtigen können.

Sanitäreinrichtungen

Bei kleineren Baustellen wie Einfamilienhäusern muss mindestens eine abschließbare Toilette aufgestellt werden. Berücksichtigen Sie dabei auch die Reinigung und Pflege während der Bauzeit.

Werden gesundheitsbelastende Arbeiten wie beispielsweise Schadstoffsanierungen durchgeführt, können durch die Gewerbeaufsicht und die Berufsgenossenschaften weitere Anforderungen gestellt werden.

7.2.3 Umgang mit Gefahrstoffen auf der Baustelle

Im Bauablauf kommen eine ganze Reihe gesundheitsgefährdender Stoffe zum Einsatz, die entsprechend ihren Verarbeitungshinweisen verwendet werden müssen. Entsprechende Kennzeichnungen finden Sie in der Regel auf den Verpackungen bzw. Behältern. Welche Vorkehrungen zu treffen sind, steht in den folgenden wichtigsten Regelungen:

- Gefahrstoffverordnung (GefStoffV)
- Technische Regeln für Gefahrstoffe (TRGS)
- Gefahrstoff-Informationssystem CODE (GISCODE).

Gefahrstoffverordnung (GefStoffV)

Die GefStoffV, die über die Buchhandlungen zu beziehen ist, regelt den Umgang mit Gefahrstoffen sowie deren Kennzeichnungspflicht.

Technische Regeln für Gefahrstoffe (TRGS)

Die TRGS sind in Zahlengruppen untergliedert. Die Zahlengruppen 400–699 beschreiben den Umgang mit Gefahrstoffen (Beispiel: TRGS 519–Umgang mit Asbest). Die Zahlengruppen 900–999 beschreiben Grenzwerte und Einstufungen von Gefahrstoffen. Auf den Internetseiten der Bundesanstalt für Arbeitsschutz und Arbeitsmedizin finden Sie unter www.baua.de alle TRGS.

Gefahrstoff-Informationssystem CODE (GISCODE)

Hierbei handelt es sich um eine Entwicklung der Bauberufsgenossenschaften, welche die am Bau eingesetzten Produkte in Gruppen mit ähnlicher Gesundheitsgefährdung und gleichen Anforderungen an Schutzmaßnahmen zusammenfasst. Die Verpackung wird mit einem Produkt-Code gekennzeichnet, anhand dessen im Internet unter www.gisbau.de die nötigen Schutzmaßnahmen abgerufen werden können und deren Einhaltung vor Ort kontrolliert werden kann.

7.2.4 Ausarbeiten einer Baustellenordnung

Es ist sinnvoll, im Vorfeld der Baumaßnahme eine Baustellenordnung zu verfassen, die bereits den Ausschreibungsunterlagen beigefügt ist und die bei einer Beauftragung zum Vertragsbestandteil wird. In dieser Baustellenordnung können alle relevanten Sicherheits- und Gesundheitsschutzmaßnahmen aufgenommen und den Unternehmern zur Kenntnis gebracht werden. Sowohl Sie als auch Ihr Architekt kommen auf diese Weise Ihren Verpflichtungen zur Baustellen- und Unfallverhütungseinweisung nach. In einer Baustellenordnung sollte folgende Punkte geregelt werden:

- allgemeine Informationen zur Baustelle
- Baustelleneinrichtung
- Sicherheit auf der Baustelle
- Schutz vor Bränden, Explosionen und Blitzeinschlag
- Maßnahmen für den Umweltschutz
- Regelungen für Besucher

Allgemeine Informationen zur Baustelle

- Anschrift der Baustelle
- Anschrift und Telefon von Bauherr und Architekt
- Anschrift und Telefon von Rettungsdienst
- Anschrift und Telefon des nächsten Krankenhauses mit Notaufnahme
- Ortstermin mit Klärung notwendiger Sicherheitsmaßnahmen vor Arbeitsbeginn
- regelmäßige Termine zur Überprüfung der Einhaltung von Sicherheitsmaßnahmen
- Unfälle oder Schäden müssen der Bauleitung und Bauherrn sofort gemeldet werden
- Verweis von Personen von der Baustelle, die Arbeitsschutzbestimmungen nicht einhalten oder gegen Unfallverhütungsvorschriften verstoßen
- Weitergabe von Leistungen an andere Unternehmer nur mit schriftlicher Zustimmung des Bauherrn

Baustelleneinrichtung

- Festlegen von Zufahrtswegen auf die Baustelle
- Freihalten von Zufahrtswegen für Rettungsfahrzeuge
- regelmäßige Überwachung von Grubenwänden und Verbaumaßnahmen
- Schutzmaßnahmen für Öffnungen

- Gerüstbenutzung erst nach Fertigstellung und Abnahme, Kennzeichnung von Gerüsten mit Gerüstschein, Änderungen an Gerüsten nur durch den Aufsteller

Sicherheit auf der Baustelle

- Alkoholverbot auf der Baustelle
- Verweis von alkoholisierten Personen von der Baustelle
- Rangieren von Fahrzeugen auf der Baustelle nur mit einweisenden Personen
- Lagerung und Verwendung wassergefährdender, brennbarer oder auf andere Weise gefährlicher Baustoffe nur in Abstimmung mit der Bauleitung
- Unaufgefordertes Tragen zusätzlicher Sicherheitsausrüstungen bei Notwendigkeit (Augenschutz, Gehörschutz, Kopfschutz, Atemschutz, Warnkleidung usw.); Verweis von Personen von der Baustelle, die ohne notwendigen Schutz arbeiten

Schutz vor Bränden, Explosionen und Blitzeinschlag

- Maßnahmen zur Brandbekämpfung vor Beginn von Arbeiten mit Brandgefahr treffen
- leicht entzündliche Stoffe nur in benötigten Mengen vorhalten
- sofortiges Melden von Bränden, die nicht selbst gelöscht werden können
- Blitzschutzmaßnahmen an Kränen, Masten und Gerüsten

Maßnahmen für den Umweltschutz

- kein Verbrennen von Abfällen auf der Baustelle
- Beseitigung des Abfalls durch die Unternehmer oder auf Kosten des Unternehmers, wenn dieser seiner Verpflichtung nicht nachkommt
- vorherige Absprache mit Bauleitung bei Arbeiten mit großer Lärmerzeugung

Regelungen für Besucher

- Betreten der Baustelle nur mit Zustimmung der Bauleitung
- Tragen von Schutzkleidung und Sicherheitsschuhen

7.3 Versicherungen während der Bauzeit

Bevor Sie in die heiße Planungs- und Bauphase einsteigen, sollten Sie sich in jedem Falle auch Gedanken zu einem ausreichenden Versicherungsschutz machen. Dies betrifft zunächst den Versicherungsschutz sowohl von Personen auf der Baustelle als auch von Passanten, außerdem den Versicherungsschutz des Gebäudes.

Unfallversicherung

Als Bauherr sollten Sie für sich und Ihre Familie eine Unfallversicherung abschließen, damit Sie bei Unfällen versichert sind.

Bauherren-Haftpflichtversicherung

Sie schützt vor Schadensersatzforderungen Dritter aufgrund von Personen oder Sachschäden durch Ihr Bauvorhaben. Dieses Risiko kann bei kleineren Bauvorhaben möglicherweise auch durch eine bestehende Privathaftpflichtversicherung abgedeckt werden. Dies sollten Sie bei Ihrer Versicherung abklären.

Versicherung von privaten Helfern

Wenn Sie im Bauablauf Eigenleistungen einplanen, bei denen Sie sich durch Helfer aus dem Freundes- und Bekanntenkreis unterstützen lassen möchten, müssen Sie alle Hilfskräfte bei der Bauberufsgenossenschaft anmelden, damit diese bei Unfällen versichert sind. Alle Helfer sollten darüber hinaus eine Haftpflichtversicherung haben, die für Personen- oder Sachschäden aufkommt, die durch deren Tätigkeit verursacht wurden. Weitere Informationen finden Sie unter www.bgbau.de auf den Internetseiten der Bau-Berufsgenossenschaften.

Versicherung von Mitarbeitern beauftragter Unternehmen

Die Mitarbeiter der von Ihnen beauftragten Unternehmen sind bei der Bau-Berufsgenossenschaft gemeldet und dort versichert. Lassen Sie sich vor Vertragsabschluss vom Unternehmer einen Nachweis hierüber aushändigen.

Feuerrohbauversicherung

Zum Versicherungsschutz des Gebäudes gehört eine Feuerrohbauversicherung, die Sie von Beginn an gegen eventuelle Brandschäden schützt. Sie kann meist beitragsfrei abgeschlossen werden, wenn bei Baubeginn eine Wohngebäude- und Brandschutzversicherung abgeschlossen wird. Bei Umbauten kann eine bestehende Versicherung entsprechend erweitert werden.

Bauleistungsversicherung

Sie tritt für finanzielle Schäden durch Vandalismus oder unvorhersehbare Witterungseinflüsse ein. Der Beitrag für diese Versicherung kann auf die beteiligten Unternehmen umgelegt werden, da diese selbst von der Versicherung profitieren.

Verbundene Wohngebäudeversicherung

Nach Fertigstellung des Gebäudes schützt sie vor finanziellen Schäden durch Leitungswasser, Blitzschlag, Brand, Explosion, Hagel, Sturm usw. Darüber hinaus können weitere Elementarschäden wie beispielsweise Erdbeben oder Überschwemmung gegen Zuschlag eingeschlossen werden. Sie ist in der Regel Voraussetzung für die Erteilung eines Darlehens.

Gewässerschaden-Haftpflicht

Wenn Sie mit Öl heizen möchten und einen Öltank im Garten planen, sollten Sie auf jeden Fall eine Gewässerschaden-Haftpflicht abschließen. Diese tritt für Schäden ein, wenn Grundwasser oder Erdreich mit Heizöl verschmutzt wurden. Die Beseitigung eines solchen Umweltschadens kann extrem teuer sein und der Besitzer des Tanks haftet unabhängig von der Schadensursache.

Bei der Auswahl und Zusammenstellung Ihres persönlichen Versicherungspakets können Sie sich von einem erfahrenen Versicherungsberater unterstützen lassen. Versicherungsberater sind nicht zu verwechseln mit Versicherungsmaklern oder Versicherungsvertretern. Letztere beide kassieren in der Regel Provisionen und vertreten nur für wenige oder nur eine Versicherung. Versicherungsberater hingegen beraten unabhängig gegen Gebühr. Mehr Informationen erhalten Sie beim Bundesverband der Versicherungsberater (www.bvvb.de) Auch beim Bund der Versicherten (www.bundderversicherten.de) kann man Auskünfte zu Versicherungsangeboten einholen. Und schließlich testet die Stiftung Warentest über Finanztest immer mal wieder Versicherungsangebote (www.test.de). Es lohnt sich meist bei mehreren Versicherungen Angebote einzuholen und die Leistungen zu vergleichen. Neben einem günstigen Beitrag ist vor allem die Serviceleistung des Beraters entscheidend, der beispielsweise durch die richtige Formulierung des Schadenshergangs Ihren Versicherungsanspruch sichern kann.

Rechtschutzversicherungen für Auseinandersetzungen mit Unternehmen während des Bauablaufs gibt es bislang nicht, Sie können das Risiko jedoch durch rechtssichere Verträge erheblich verringern.

Tipp:
Wenn Sie Kinder haben, sollten Sie diese keinesfalls mit auf die Baustelle nehmen. Baustellen sind für Kinder potenzielle Gefahrenstellen.

7.4 Die Dokumentation des Bauablaufs

Während der Bauphase sollten Sie jederzeit auf zurückliegenden Schriftverkehr oder Verträge zugreifen können und stets einen Überblick über den bisherigen Bauablauf behalten. Hierbei ist es hilfreich, wenn Sie folgende Instrumente nutzen:

- Ordnerstruktur für den gesamten Schriftverkehr
- Anfertigen von Aktennotizen von Besprechungen und Telefonaten
- Führen eines Bautagebuchs
- Anlegen einer Fotodokumentation
- Abhalten eines Jour Fixe auf der Baustelle.

Möglichkeit einer Ordnerstruktur:			
Ordner 1	Adressen		alle beteiligten Firmen, Ämter, Versorgungsträger, Nachbarn
	Bauleitung		Schriftverkehr
	Bauamt		Baugenehmigung Schriftverkehr
	Versorgungsträger		Anträge Schriftverkehr
Ordner 2	Verträge		alle Werkverträge, Leistungsverzeichnisse
	Abnahmen		Alle Abnahmen
	Gewährleistungspflichten		Übersicht
Ordner 3	Gewerke		Schriftverkehr Mängelrügen Sortiert nach Gewerken
Ordner 4	Fachingenieure Statik, Haustechnik, Elektro, Lüftung, Bodengutachten usw.		Schriftverkehr Berechnungen
Ordner 5	Planunterlagen		Ausführungspläne Statische Pläne Haustechnik-Pläne
Ordner 6	Bautagebuch Fotodokumentation		Bautagebuch Bauleitung Eigenes Bautagebuch
Ordner 7	Rechnungen		Nach Eingang sortiert Übersichtsblatt Kostenkontrolle

Abb. 35: Ordnerstruktur

Ordnerstruktur für alle Bauunterlagen

Da Sie es im Bauablauf mit sehr vielen Partnern zu tun haben werden (Behörden, Handwerker, Fachplaner, Architekt, Versorgungsunternehmen etc.), ist es sinnvoll, wenn Sie sich einige Ordner kaufen und nach einer festen Struktur beschriften. Auf diese Weise können Sie Ausschreibungsunterlagen, Verträge, Rechnungen und Abnahmeprotokolle direkt einsortieren und bei Bedarf sofort wiederfinden. Das nachfolgende Beispiel zeigt eine Ordnerstruktur für die Durchführung eines Bauvorhabens.

Anfertigen von Aktennotizen von Besprechungen und Telefonaten

Der ständige Abstimmungsbedarf während des Bauablaufs führt häufig dazu, dass vieles nur noch mündlich besprochen wird, vor allem, wenn es bislang keine Probleme gab. Gerade bei mündlichen Absprachen ist die Gefahr einer unterschiedlichen Auslegung groß, die wiederum zu Missverständnissen und Ärger führen kann. Fertigen Sie daher konsequent von allen Telefonaten, Besprechungen und Verhandlungen eine Aktennotiz für Ihre Unterlagen an. Sie sollte folgende Punkte enthalten:

- Datum, Uhrzeit, laufende Nummerierung aller Aktennotizen
- Namen der Teilnehmer und Funktion (z. B. Herr Mustermann, Architekt)
- Prüfung, ob die Vereinbarungen der letzten Besprechung eingehalten wurden
- Besprechungsinhalt
- Klärung, wer was bis wann bearbeitet
- Festlegung, wann und wo der nächste Termin stattfindet
- Unterschriften aller Teilnehmer.

Führen eines Bautagebuchs

Für den bauleitenden Architekten ist das Führen eines Bautagebuchs Pflicht. Es dokumentiert den gesamten Bauablauf und gibt daher die Möglichkeit, nachzuvollziehen, was wann auf der Baustelle passiert ist. Aus diesem Grund kann ein Bautagebuch auch ein wichtiges Beweismittel werden, wenn es in gebundener Form geführt wird. Auch für Ihre Baustellenbesuche ist eine solche Dokumentation wichtig. Die folgenden Eintragungen sollten bei jedem Besuch vorgenommen werden:

- Datum, Uhrzeit, laufende Nummerierung des Bautagebuchblätter
- Angaben zum Wetter und zur Temperatur

- anwesende Firmen
- Stand der Arbeiten
- getroffene Anordnungen
- Vorkommnisse
- Beschreibung von Fotoaufnahmen.

Das folgende Beispiel eines Bautagebuchblatts kann Ihnen als Orientierung dienen.

Bautagebuch				Lfd. Nr.	Datum					Uhrzeit von - bis		
Sonne	Wolkig	Regen	Schnee	Frost	Mo	Di	Mi	Do	Fr	Sa	So	Temp. ca. °C

Bauvorhaben:

Anwesende

Firma: Firma:

Firma: Firma:

Firma: Firma:

Feststellungen, Stand der Arbeiten

Anordnungen, Besprechungen, Abnahmen

Dokumentation, Fotos von

Abb. 36:
Bautagebuch

Anlegen einer Fotodokumentation

Haben Sie bei einer Baustellenbegehung den Eindruck, dass Arbeiten nicht ordnungsgemäß ausgeführt wurden, sollten Sie diese fotografieren. Dies gilt genauso für Leistungen, die zu einem späteren Zeitpunkt nicht mehr sichtbar sind. *Beispiel:* die Leistungsführung der Elektroleitungen auf den Wänden, die Lage der Heizschleifen der Fußbodenheizung oder die Abdichtung der Kelleraußenwände.

Etablierung eines Jour Fixe auf der Baustelle

Unter einem Jour Fixe versteht man einen Besprechungstermin an einem festen Tag in der Woche zu einer festen Uhrzeit. An diesem Termin sollten Sie und Ihr bauleitender Architekt teilnehmen, außerdem

Jour Fixe Nr.: (laufende Nummerierung)		**Datum:**
Bauvorhaben:		
Besprechungspunkte:	zu erledigen von	bis
1.	(Name / Firma)	(Datum)
2.		
3.		
usw. fortlaufende Nummerierung für neue Punkte auch an den Folgetagen.		
Unterschriften / Datum (alle Beteiligten)		
Beteiligte: (Namentliche Nennung aller Beteiligten)		

Abb. 37:
Jour Fixe-Blatt

die Verantwortlichen von den zu diesem Zeitpunkt tätigen Firmen auf der Baustelle. Der Jour Fixe dient dazu, offene Fragen der Unternehmer zu besprechen und den Verlauf der nächsten Tage zu koordinieren. Außerdem können Sie dabei Punkte ansprechen, die Ihnen wichtig sind. Ist die Baustelle zum Beispiel ständig mit Abfällen verschmutzt, können die Verantwortlichen dazu Stellung nehmen. Auch zum Jour Fixe sollte ein Besprechungsprotokoll geführt werden, das von allen Anwesenden unterzeichnet wird.

7.5 Darauf sollten Sie auf der Baustelle achten

Als Bauherr wollen und müssen Sie natürlich den Baufortschritt an Ihrem Bauvorhaben mitverfolgen und mitunter auch mitkontrollieren. Es ist jedoch wichtig, dass Sie auf der Baustelle eher Zurückhaltung walten lassen und alles, was Ihnen auffällt, vor allem mit dem von Ihnen beauftragten Bauleiter besprechen. Es ist ungünstig, wenn die Koordination eines Bauprojektes plötzlich über mehrere Kanäle läuft. Dies kann mehr Verwirrung stiften als wirkliche Kontrolle. Seien Sie deshalb auf der Baustelle wachsam und notieren Sie all die Dinge, die Sie umgehend mit Ihrem Bauleiter durchsprechen wollen. Dies können beispielsweise Dinge sein wie:

- Gibt es Unfallgefahren auf der Baustelle?
- Wie ist die Sauberkeit und Ordnung auf der Baustelle?
- Haben Unternehmer Bedenken gegen die Leistungen der Vorunternehmer?
- Liegt den Firmen der aktuelle Planstand vor?
- Stimmen die Raumhöhen, Abmessungen, Öffnungsbreiten, Lage der Fenster, Türen etc.
- Sind Wand- und Deckenflächen bzw. Einbauten „im Wasser" (d. h. sind sie laut Wasserwaagenanzeige korrekt lotrecht bzw. waagerecht)?
- Wurden die Abdichtungsarbeiten an der Kellerwand sorgfältig ausgeführt? (Machen Sie hier unbedingt Fotos von jedem Arbeitsschritt)
- Sind Abwasserleitungen im leichten Gefälle zu den Fallleitungen und Kanalanschlüssen verlegt?
- Sind die Rohranschlüsse dicht?
- Sind die Rohre stabil an den Wänden befestigt?
- Sind Dämm-Materialien eingebracht?

- Sind Anschlüsse und Dichtungen sorgfältig ausgeführt?
- Sind Übergänge und Fugen sauber ausgeführt?
- Schneidet oder kantet der Klempner bzw. Blechner verzinkte Materialien noch auf der Baustelle (Korrosionsgefahr)?
- Sind an irgendeiner Stelle Materialien eingesetzt worden, die nicht der Ausschreibung entsprechen?
- Sind die Elektroarbeiten ordentlich und ohne wild verlaufende Kabelstränge ausgeführt?
- Sind Fenster und Türen waagerecht und lotrecht montiert?
- Hinterlassen Estrichleger und Gipser ebene Flächen?
- Hat der Maler vor dem Anstrich zu schützende Flächen sorgfältig abgeklebt?

Dies ist eine kleine Auswahl der Punkte, auf die Sie bei Ihren Baustellenrundgängen achten sollten.

Neben der grundsätzlichen Kontrolle solcher Prüfpunkte, sollten Sie unbedingt auch die nachfolgenden Empfehlungen beachten, wenn Sie sich auf der Baustelle aufhalten:

- Unterzeichnen Sie keine Stundenlohnzettel ohne Rücksprache mit Ihrem Bauleiter.
- Machen Sie Aktennotizen von allen Besprechungen und lassen Sie diese gegenzeichnen.
- Machen Sie eine Fotodokumentation nicht nur von Schäden und Mängeln, sondern auch von anderen Details (Beweissicherung).
- Zeigen Sie so oft wie möglich Präsenz auf der Baustelle und versuchen Sie einen persönlichen, aber keinen vertraulichen Kontakt mit den Handwerkern zu bekommen.

Es ist sinnvoll, sich zu Beginn der Bauphase ein kleines Köfferchen mit den wichtigsten Utensilien für die Baustellenvisiten zusammenzustellen und dieses immer greifbar aufzubewahren oder es von vornherein z. B. im Auto zu deponieren. Fotodokumentationen und Aktennotizen sollten Sie dort allerdings nicht lagern. Im Köfferchen enthalten sein sollten

- eine Wasserwaage
- einen Zollstock bzw. ein Rollmaßband
- eine Taschenlampe

- ein Taschenmesser
- eine Grundausrüstung an Werkzeug (Schraubenzieher, Schraubenschlüssel, Hammer, Zange)
- wetterfestes Klebeband
- Absperrband
- das Bautagebuch
- Schreibutensilien
- einen Fotoapparat
- Pflaster, Verbände etc.
- Bauhelm
- Regenjacke
- Schuhe mit Sicherheitskappen und Stahlsohlen
- Gummistiefel.

7.6 Der Bauablauf im Überblick

Mit dem gesamten Bauablauf kommt nun viel Neues auf Sie zu, das für die meisten anderen Beteiligten Routine ist. Daher ist es unabdingbar, dass Sie sich vor Beginn der heißen Bauphase mindestens mit dem Grundgerüst des Bauablaufs und den gegenseitigen Abhängigkeiten bekannt machen.

Nachdem Ihr Baugesuch von den kommunalen Behörden positiv entschieden wurde, die Werkplanung erstellt ist, die Angebote bei den Unternehmern eingeholt und ausgewertet wurden und es in der Folge zu Vertragsabschlüssen kam, kann nun alles losgehen. Die zuständige Kommune händigt Ihnen den so genannten „Roten Punkt" (beim vereinfachten Genehmigungsverfahren) oder den „Grünen Punkt" (bei Vorlage im Genehmigungsfreistellungsverfahren) aus, zumeist auf einem DIN-A-4-formatigen Blatt aufgedruckt, das Sie gut sichtbar an Ihrem Bauplatz aushängen müssen und das Ihre Bauberechtigung dokumentiert. Kurz darauf folgen dann Hand in Hand die Arbeitsprozesse der einzelnen Gewerke.

Herrichten des Grundstücks

Zunächst wird das Grundstück für den kommenden Bauablauf vorbereitet, indem der Bewuchs um den Bereich der Baugrube entfernt wird. Hierzu gehört auch der eventuell notwendige Abbruch von Gebäuden

Abb. 38:
Lagerflächen auf der Baustelle

oder Gebäudeteilen, das Fällen einzelner Bäume und das Abschieben und die seitliche Lagerung der obersten Erdschicht (Mutterboden).

Baustelleinrichtung

Danach wird die Baustelle eingerichtet. Hierzu gehören Lagerplätze für Baumaterial, die Absicherung des Grundstücks mit Bauzäunen, das Aufstellen eines WC und Unterkunft für die Arbeiter und ggf. ein Bauschild. Unter Berücksichtigung von Schwenkradius und maximaler Ausladung des Krans wird der Kranstandort festgelegt und vorbereitet.

Grundwasserhaltung

Wenn das Grundwasser so hoch steht, dass Teile des Gebäudes im Wasser stehen, muss das Grundwasser vor Beginn der Erdarbeiten abgesenkt werden. Dies kann beispielsweise über so genannte Vakuumlanzen erfolgen, die rund um die Baugrube in den Boden gebohrt werden und durch die über eine Pumpe der Wasserspiegel auf das notwendige Maß gesenkt wird.

Grobabsteckung und Erdarbeiten

Als nächstes wird die Grobabsteckung vom Vermessungsingenieur durchgeführt. Hierzu markiert er mit Pflöcken die Gebäudeecken auf dem Grundstück, sodass die Größe der Baugrube festgelegt werden kann. Danach erfolgt der Aushub der Baugrube und die Sicherung der Böschung, sofern ein Keller vorgesehen ist. Soweit möglich, wird der Aushub oder Teile des Aushubs auf dem Grundstück zwischengelagert und zum späteren Verfüllen der Arbeitsräume verwendet. Die Böschung der Baugrube muss durch eine Folie vor Regen geschützt werden, damit sie nicht aufweichen und abrutschen kann.

Abb. 39:
Aushub der Baugrube

Abb. 40:
Aufbau des Schnurgerüsts

Schnurgerüst und Gründung

Ist die Baugrube fertiggestellt, wird das Schnurgerüst aufgebaut. Dabei handelt es sich um die Markierung der exakten Gebäudeecken durch mehrere, vertikal in den Boden geschlagene Holzpflöcke, an denen zwei horizontale Bretter befestigt werden. Jede Gebäudeecke wird durch einen solchen Schnurbock markiert. Je nach Lage des Abwasserkanals in der Straße wird die Grundleitung für Abwasser unterhalb oder oberhalb der Bodenplatte gelegt. Die Gründung kann mittels Fundamenten oder einer massiven Bodenplatte erfolgen, die oberhalb einer Kiesschüttung und Dichtungsbahn betoniert wird.

Rohbauarbeiten

Kellerwände werden entweder gemauert oder betoniert. Bei gemauerten Kellerwänden wird der Verlauf zunächst auf dem Rohboden aufge-

Abb. 41:
Aufmauern der Kellerinnenwände

Abb. 42:
Aufmauern von Erdgeschoss und Obergeschoss

zeichnet und dann eine Steinschicht in der gewünschten Wandanordnung auf dem Rohboden gesetzt, um ggf. noch korrigieren zu können. Unter und auf die erste Steinschicht werden Dichtungsbahnen oder Folien als Horizontalsperren gelegt. Danach werden die tragenden Wände bis zur geplanten Kellerdecke aufgemauert. Anschließend wird die Kellerdecke eingeschalt und betoniert. Ist die Decke wieder begehbar, folgt die Aufmauerung der nächsten Geschosse. Die Schalung bleibt ca. drei Wochen bis zur Grundfestigkeit des Betons stehen.

Drainagearbeiten

Nach Fertigstellung des Kellers wir dieser von außen gegen Feuchtigkeit abgedichtet, meist mit einem Bitumenanstrich, vor die zum Schutz und zur besseren Wasserabführung eine Drainageplatte gestellt wird. Im Bereich beheizter Kellerräume muss zusätzlich eine Dämmung vor-

Abb. 43:
Dämmung beheizter Kellerräume

Abb. 44:
Aufrichten des Dachstuhls

gesehen werden. Im Bereich der Kellerfundamente wird ein umlaufendes Kunststoffrohr in einer Kiespackung als Drainage verlegt, um eindringendes Wasser zu verteilen und je nach Bodenverhältnissen z. B. zu einem kiesgefüllten Sickerloch zu leiten. Danach kann der Arbeitsraum wieder verfüllt werden, entweder mit vorhandenem Aushub oder sickerfähigem Material, wenn der Aushub ungeeignet ist.

Zimmer- und Holzbauarbeiten

Der Zimmermann kann den Dachstuhl setzen, wenn die Giebelwände und Kniestockwände als Pfettenauflager stehen. Vor der Anfertigung des Dachstuhls fertigt der Zimmermann zunächst ein Aufmaß vor Ort an, auf dessen Grundlage er das Holz zuschneidet. Als erstes werden die Fußpfette, Mittelpfetten und Firstpfette gesetzt und dann die Sparren darauf gesetzt. Danach werden Wechsel für Dachflächenfenster

Abb. 45:
Decken des Dachstuhls mit Ziegeln

Abb. 46:
Montage der Regenrinnen und Fallrohre

oder Dachgauben eingebaut. Meist dauert das Aufrichten des Dachstuhls ein bis zwei Tage. Mit dem Aufrichten des Dachstuhls ist der Rohbau fertiggestellt und das Richtfest kann gefeiert werden.

Dachdeckungsarbeiten und Klempner- bzw. Blechnerarbeiten

Als nächstes kann der Dachstuhl eingedeckt werden. Zunächst wird eine Unterspannbahn auf den Sparren verlegt. Darauf wird eine Konterlattung und Lattung montiert, danach die Ziegel aufgelegt. Damit ist das Haus gegen Regen, Wind und Schnee so geschützt, dass der Innenausbau beginnen kann. Diese Arbeiten erfolgen Hand in Hand mit den Klempner- bzw. Blechnerarbeiten, weshalb sie auch meistens gemeinsam von einem Unternehmen ausgeführt werden. Hierzu gehören alle notwendigen Übergänge von Dachgauben zur Dachfläche, die Eindichtung von Kaminanschlüssen, die Montage von Regenrinnen und Fallrohren etc.

Abb. 47:
Einbau der Fenster

Abb. 48:
Einbau der Lüftungsanlage

Fenster und Türen

Das Aufmaß der Fenster und Fenstertüren erfolgt nach Fertigstellung der Rohbauöffnungen in der Fassade. Der Fensterbauer ermittelt für jede Öffnung die genaue Größe und fertigt die Fenster passgenau an. Der Einbau dauert bei einem Einfamilienhaus in der Regel ein bis zwei Tage. Meist wird zu diesem Zeitpunkt eine so genannte Bautüre aus Stahl in die Öffnung der späteren Haustüre gesetzt, danach ist der Rohbau geschlossen.

Lüftungsinstallation

Jetzt kann die heiße Phase des Innenausbaus beginnen, da die montierten Fenster und Fenstertüren alle Folgegewerke vor zu großen Temperaturschwankungen schützen, aber auch teilweise wertvolle Einbauten wie Heizung, Sanitär etc. vor Diebstahl sichern. Ist die Montage einer

Abb. 49:
Aufstellen der Heizungsanlage

Abb. 50:
Montage der Abwasserinstallation

Lüftungsanlage vorgesehen, so werden die Kanäle in der Regel vor den Heizungs- und Wasserleitungen verlegt, da Lüftungsleitungen möglichst geradlinig verlegt werden müssen.

Heizungs- und Sanitärinstallation (Rohmontage)

In der Regel werden die Gewerke Heizung und Sanitär gemeinsam an eine Firma vergeben. Die Handwerker verlegen die Vor- und Rückläufe der Heizungsrohre sowie die Wasser- und Abwasserleitungen auf dem Rohboden und in den Installationsschächten. Je nach Heizmedium außerdem eine Gas- oder Ölleitung zum Brenner. Nach Fertigstellung der Rohmontage erfolgt die Dichtheitsprüfung des Rohrsystems, danach die Dämmung der Rohre. Eine eventuell vorgesehene Solaranlage zur Brauchwassererwärmung wird ebenfalls vom Heizungsunternehmen installiert.

Abb. 51:
Beginn der Elektromontage

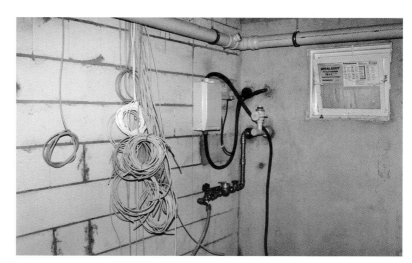

Abb. 52:
Einbau der Geländer

Elektroinstallation (Rohmontage)

Nach Fertigstellung der Lüftungs-, Heizungs- und Sanitärinstallation beginnt der Elektriker mit seinen Arbeiten. Hierzu müssen meist auch Wände geschlitzt und Leerrohre verlegt werden. Von den einzelnen Zimmern führen die Leitungen entweder zu Unterverteilungen oder direkt zum Zählerschrank, meist im Hausanschlussraum.

Schlosserarbeiten

Parallel zu diesen Arbeiten werden vom Schlosser Vordächer, Geländer oder Stahltreppen montiert.

Putzer- bzw. Gipserarbeiten

Nachdem die Rohinstallation der Gewerke Heizung, Sanitär und Elektro fertiggestellt ist, kann der Putzer bzw. Gipser die Innenwände und

Abb. 53:
Trockenbauarbeiten im Dachgeschoss

Abb. 54:
Einbau der Rollläden

Raumdecken verputzen. Je nach Untergrund müssen Wände und Decken vorbehandelt werden, damit der Putz haften kann. Außerdem werden vor dem Verputzen Eckschienen an Außenecken gesetzt und Ecken von Öffnungen mit Gewebebändern verstärkt. Zu diesen Arbeiten gehören auch die Montage von Trockenbauwänden oder Dachschrägenverkleidungen inklusive Dämmung etc.

Rollladenarbeiten

Nach dem Verputzen der Innenwände werden vom Rollladenbauer in die vom Rohbauer eingemauerten Rollladenkästen über den Fenstern die Rollläden eingesetzt und von innen die Gurtwickler montiert. Manchmal werden die Fenster jedoch auch komplett mit Rollläden geliefert und eingebaut, sodass diese Arbeiten dann entfallen.

Abb. 55:
Fassadenarbeiten

Abb. 56:
Einbringen von
Zementestrich

Fassadenarbeiten

Parallel zu den Innenarbeiten kann außen die Fassade fertiggestellt werden, je nach geplanter Ausführung als Wärmedämm-Verbundsystem, Holzverschalung oder Verblendmauerwerk.

Estricharbeiten

Sind die Innenputzarbeiten fertiggestellt, können die Estriche verlegt werden. Kellerräume erhalten meist einen Estrich auf Trennlage, Wohnräume einen Estrich, der auf einer Trittschalldämmung „schwimmt". Mit Randstreifen, die entlang der Wände gestellt werden, wird verhindert, dass dieser schwimmende Estrich in direkten Kontakt mit den Wänden kommt und damit Schall überträgt. Wenn die Aufbauhöhe der späteren Bodenbeläge unterschiedlich hoch ist, berücksichtigt dies der Estrichleger bei der Höhe des Aufbaus. Günstig ist der Einbau des Est-

Abb. 57:
Fliesenarbeiten im Bad

Abb. 58:
Einbau einer Holztreppe

richs an einem Freitag, damit er über das Wochenende eine Grundfestigkeit erhalten kann. Die Trockenzeit eines Zementestrichs beträgt ca. drei Wochen.

Fliesenarbeiten

Wurde eine Fußbodenheizung verlegt, wird der Estrich nach einem genau festgelegten Zeitablauf vor dem Belegen angeheizt und ein Protokoll darüber erstellt. Vor der Verlegung von Bodenbelägen sollte generell eine Restfeuchtemessung vorgenommen werden, um sicherzustellen, dass der Estrich ausreichend abgetrocknet ist. Vor dem Verlegen anderer Bodenbeläge beginnt der Fliesenleger mit seinen Arbeiten und fliest zunächst die Wände und dann die Böden. Nach dem Verfugen kommt dann nochmals der Sanitärinstallateur und setzt die Sanitärgegenstände wie Waschbecken und WC.

Abb. 59:
Die Fassade wird gestrichen

Abb. 60:
Das Parkett wird verlegt

Schreiner

Nach ihm kommt der Schreiner und baut sämtliche Innentüren sowie erforderlichenfalls auch Treppen etc. ein.

Haustüre

Da nun fast alle Arbeiten abgeschlossen sind, kann die Haustüre eingesetzt werden. Es ist sinnvoll, damit bis zu diesem Zeitpunkt zu warten, weil so Beschädigungen an der Türe durch Handwerker so gut wie ausgeschlossen werden können.

Malerarbeiten

Zu den Malerarbeiten können neben den Innenarbeiten auch Außenarbeiten an der Fassade wie z. B. das Streichen der Dachüberstände gehören. Im Innenbereich tapeziert und streicht er Wände und Decken,

Abb. 61:
Noch ist der Zugangsweg nicht fertig

lackiert Treppengeländer oder die Unterkonstruktion von Stahltreppen. Nach Fertigstellung der Malerarbeiten werden vom Heizungsbauer endgültig die Heizkörper montiert und vom Elektriker die Abdeckungen der Schalter, Steckdosen usw. gesetzt.

Parkettarbeiten

Nach den Malerarbeiten kann das Parkett verlegt werden. Dies hat den Vorteil, dass die Flächen nach dem Verlegen nicht mehr von Handwerkern betreten werden müssen.

Teppicharbeiten

Da Teppichböden noch empfindlicher sind als Parkettboden, werden sie ganz zum Schluss verlegt, wenn alle anderen Handwerker das Haus verlassen haben.

Gebäudereinigung

Vor Bezug des Hauses erfolgt eine Grundreinigung. Viele Bauherren übernehmen dies aus Kostengründen selbst. Nun ist das Haus bezugsfertig.

Außenanlagen

Vor dem Einzug sollte der Hauszugang unbedingt fertiggestellt sein, damit nicht wieder neuer Schmutz ins Haus getragen wird. Je nach Jahreszeit der Fertigstellung kann auch die Außenanlage erstellt werden. All diese Arbeitsschritte und Gewerke und ihre gegenseitigen Abhängigkeiten werden in einem so genannten Bauzeitenplan erfasst (siehe Kapitel 4.4 Seite 77). Die Koordination des gesamten Bauablaufs, mit dem Ineinandergreifen der einzelnen Arbeiten und Gewerke, sowie deren ständige Kostenkontrolle und Qualitätssicherung ist die Hauptaufgabe

> **Tipp:**
> *Für die Zeit des Bauablaufes sollten Sie sich den Bauzeitenplan gut sichtbar aufhängen, sodass Sie den Terminablauf immer im Auge haben. Vereinbaren Sie zu Beginn jeder Gewerkephase ein Gespräch mit Ihrem Architekten und dem Unternehmer zum Stand der Dinge und den darauf aufbauenden geplanten Arbeiten, Abläufen, Qualitäten und Kosten gemäß Ausschreibung. Lassen Sie sich von Ihrem Architekten verbindlich und frühzeitig während den Gewerkephasen über eventuelle Kostensteigerungen informieren, sodass Ihnen noch genug Zeit bleibt zu handeln. Vereinbaren Sie eventuell sogar einen festen wöchentlichen Termin zur gemeinsamen Baustellenbegehung mit Ihrem Architekten (eine fest vereinbarte, regelmäßige halbe Stunde kann sehr viel mehr wert seit, als irgendwann, unregelmäßig drei Stunden).*

einer jeden Bauleitung. Für die Bauphase ist es wichtig, dass sie einen erfahrenen Architekten oder Bauleiter mit dieser Aufgabe betrauen.

7.7 Mängel während der Bauphase

Nicht immer werden die Arbeiten wie vertraglich vereinbart ausgeführt. Meist handelt es sich dabei um Sachmängel. Darunter versteht man Mängel, deren Ursache darin liegt, dass die erbrachte Leistung eine vereinbarte Beschaffenheit nicht hat (§ 633 BGB Neufassung). Werden beispielsweise Fliesen mit sehr unterschiedlichen Fugenbreiten und Fugentiefen verlegt, obwohl die Fliesenkanten geradlinig sind, fehlt eine vereinbarte Beschaffenheit und die Leistung ist mangelhaft. Auch wenn eine bestimmte Beschaffenheit nicht explizit vereinbart wurde, muss die Leistung des Unternehmers dennoch die Beschaffenheit aufweisen, die der Auftraggeber erwarten kann, weil sie bei Werken der gleichen Art üblich ist.

Bei VOB-Verträgen, in denen der Teil B der VOB vereinbart wurde, ist automatisch der Teil C der VOB mit den allgemeinen technischen Vertragsbedingungen (ATV) und damit klare Beschaffenheiten für die einzelnen Gewerke vereinbart. Werden geltende DIN-Normen oder allgemein anerkannte Regeln der Technik nicht eingehalten, ist eine Leistung ebenfalls mangelhaft.

Die weitere Vorgehensweise für den bauleitenden Architekten bzw. den Auftraggeber hängt nun davon ab, ob es sich um einen BGB-Vertrag oder einen VOB-Vertrag handelt.

Bauvertrag nach BGB

Nach § 633 BGB ist der Auftragnehmer verpflichtet, seine Leistungen mangelfrei mit den vereinbarten Beschaffenheiten herzustellen. Ist dies nicht der Fall, hat der Auftraggeber folgende Möglichkeiten:

- Er kann nach § 635 BGB eine Nacherfüllung verlangen.
- Er kann nach § 637 BGB den Mangel selbst beseitigen bzw. von dritten beseitigen lassen und vom Auftragnehmer einen Ersatz für die dafür erforderlichen Aufwendungen verlangen.
- Er kann nach den § § 636, 323 und 326 Abs.5 vom Vertrag zurücktreten.
- Er kann nach § 638 die Vergütung mindern.

Ein Anspruch auf Abschlagszahlungen in sich abgeschlossener Leistungen besteht erst nach der Beseitigung vorhandener Mängel. Die Vorgehensweise in einem solchen Fall sollten Sie mit Ihrem Anwalt besprechen (siehe Seite 146).

Bauvertrag nach VOB

Nur der Vollständigkeit halber seien an dieser Stelle auch die VOB-Regelungen erwähnt. Inwieweit sie in Verbraucherverträgen zukünftig noch Anwendung finden können muss gerichtlich noch geklärt werden. Nach § 4 Nr. 2 und Nr. 7 der VOB/B muss der Auftragnehmer seine Leistung mangelfrei erbringen. Kommt der Auftragnehmer einer Aufforderung zur Mangelbeseitigung durch den Auftraggeber nicht nach, kann dieser nach § 4 Nr. 7 der VOB/B dem Auftragnehmer den Auftrag entziehen. Ferner kann er nach § 4 Nr. 6 VOB/B sogar Bauteile, die dem Vertrag oder den Proben nicht entsprechen von der Baustelle entfernen lassen, damit ein Mangel erst gar nicht entstehen kann. Beispiel: Sie haben die Ausführung von Zwischenwänden mit Metallständern und einer Beplankung mit Gipskartonplatten vereinbart. Der Unternehmer liefert jedoch Holzständer und Zellulosefaserplatten auf die Baustelle. Dieses Material können Sie entfernen lassen und so bereits die Ausführung vertragswidriger Leistungen verhindern.

Liegt ein Mangel vor, der nicht mit einer Nachbesserung behoben werden kann, steht Ihnen nach § 4 Nr. 7 VOB/B auch ein Schadensersatzanspruch als Ausgleich zu.

Lässt der Unternehmer eine angemessene Frist und Nachfrist zur Mängelbeseitigung verstreichen, kann ihm nach § 8 Nr. 3 VOB/B der Auftrag entzogen werden.

Die Mängelrüge

Unter einer Mängelrüge versteht man die schriftliche Information über Mängel an den Auftragnehmer mit der Aufforderung, diese innerhalb einer bestimmten Frist zu beseitigen. Die Mängelrüge wird meist vom bauleitenden Architekten erstellt und an den betreffenden Unternehmer geschickt.

Wichtig ist, dass der Mangel im Vorfeld dokumentiert wird, z. B. durch Fotos. Eine Mängelrüge sollte aus Gründen der Nachweisbarkeit des Zugangs immer schriftlich, am besten per Einschreiben/Rückschein erfolgen, damit die Möglichkeit besteht, nach erfolglosem Ablauf von Frist und Nachfrist den Mangel durch ein anderes Unternehmen beseitigen zu lassen. Unabhängig davon kann das Schreiben telefonisch angekündigt werden. Bei VOB-Verträgen müssen Mängelrügen grundsätzlich schriftlich erfolgen.

Alle Mängelrügen die vom Bauleiter versandt werden, sollten immer auch Ihnen in Kopie zugesandt werden, damit Sie die Nachbesserung unabhängig kontrollieren können.

Handelt es sich um größere Mängel oder zeichnen sich Schwierigkeiten mit dem Unternehmen ab, sollte Ihr Anwalt die rechtliche Korrektheit der Mängelrüge vor der Zusendung an den Unternehmer prüfen.

Checkliste Mängelrüge
☐ Anschrift des betreffenden Unternehmens
☐ Datum der Mängelrüge
☐ vom Mangel betroffenes Gewerk (z. B. Parkettarbeiten)
☐ Datum der Auftragserteilung an das Unternehmen bzw. Datum des Bauvertrags
☐ eine genaue Beschreibung des Mangels
☐ eine angemessene Frist zur Mangelbeseitigung
☐ bei zusätzlichen Schäden eine genaue Schadensbeschreibung
☐ das Vorbehalten von Schadensersatzansprüchen
☐ bei VOB-Verträgen: Ankündigung des Auftragsentzugs, der Beauftragung eines anderen Unternehmens zur weiteren Ausführung (Ersatzvornahme) und der Schadensersatzansprüche aufgrund von Mehrkosten, wenn die Mängelbeseitigung nicht innerhalb der Frist erfolgt
☐ bei BGB-Verträgen: eine Ankündigung der Selbstvornahme mit Aufwendungsersatz und Fristsetzung oder Ankündigung des Rücktritts vom Vertrag oder eine Ankündigung der Minderung der Vergütung

Inhalte einer Mängelrüge

7.8 Rechnungsprüfung von Abschlagszahlungen

Die Rechnungsprüfung von Abschlagszahlungen erfolgt durch den bauleitenden Architekten, der die Rechnung mit einem Freigabevermerk zur Zahlung an Sie weitergibt. Zahlen Sie keine Rechnung ohne Freigabevermerk des Architekten. Nachfolgend werden die Zusammenhänge einer Rechnungsprüfung erläutert, damit Sie stichprobenweise die Arbeit des Architekten prüfen können.

Abhängig davon, ob Sie mit den Unternehmen BGB-Verträge oder VOB-Verträge abgeschlossen haben, hängen auch die Zahlungsbedingungen von der gewählten Vertragsform ab.

BGB-Vertrag

Nach dem BGB darf der Auftragnehmer dann Abschlagszahlungen fordern, wenn es sich um in sich abgeschlossene Teile eines Werks mit Eigentumsübergang handelt (§ 632 a). Beim Hausbau ist dies kaum möglich. Beispiel: Der Sanitärinstallateur verlegt nach dem Fenstereinbau zunächst die Warm- und Kaltwasserleitungen sowie die Abwasserleitungen. Dann sind weitere Gewerke im Einsatz. Erst nach Fertigstellung der Fliesenarbeiten kann er die restlichen Sanitärgegenstände wie Waschbecken montieren und das System in Betrieb nehmen. In sich abgeschlossen sind die Leistungen also erst Monate nach Beginn der Arbeiten. Im Interesse einer guten Zusammenarbeit sollten daher Zahlungspläne in den Vertrag mit aufgenommen werden, die eine angemessene Vergütung im Rahmen des mangelfreien Baufortschritts sicherstellen.

VOB-Vertrag

Auch an dieser Stelle sei darauf hingewiesen, dass die VOB-Regelungen nur der Vollständigkeit halber aufgeführt sind. Wie erwähnt obliegt die Klärung ihrer Zulässigkeit in Verbraucherverträgen noch der gerichtlichen Klärung. In VOB-Verträgen werden die Zahlungsbedingungen im § 16 der VOB/B geregelt. Danach sollen die erbrachten Leistungen in Höhe des jeweiligen Werts in kurzen Zeitabständen gewährt werden. Auch bei VOB-Verträgen ist daher die Vereinbarung eines Zahlungsplans bei Vertragsabschluss sinnvoll, der die Fälligkeitsvoraussetzungen genau regelt, beispielsweise eine detaillierte Beschreibung der einzelnen mangelfrei erbrachten Teilleistungen und deren Mangelfreiheit.

Vor der Prüfung einer Abschlagsrechnung sollte unabhängig von der Vertragsform auf folgende Punkte geachtet werden:

> **Checkliste: Rechtmäßigkeit einer Abschlagsrechnung**
> ☐ Ist die Abschlagsrechnung prüffähig?
> ☐ Besteht eine Vereinbarung über Abschlagszahlungen?
> ☐ Wenn ja, sind die vereinbarten Voraussetzungen erfüllt?
> ☐ Wenn ja, bleibt der maximal vereinbarte Gesamtbetrag für Abschlagszahlungen auch nach Auszahlung der vorliegenden Abschlagszahlung unterschritten?
> ☐ Wenn ja, ist eine den Betrag angemessene Leistung erbracht worden?
> ☐ Wenn ja, ist die bisherige Leistung mangelfrei erbracht worden?
> ☐ Wenn nicht, welcher Betrag bleibt einbehalten? (nach § 641 BGB das Zweifache des zur Mangelbeseitigung notwendigen Betrags)
> ☐ Ist die Rechnung prüffähig?

Damit eine Abschlagsrechnung rechnerisch geprüft werden kann, sollten immer die Gesamtauftragssumme, alle bislang gestellten Abschlagsrechnungen mit den jeweiligen Höhen und die erhaltenen Abschlagszahlungen aufgeführt sein. Ergänzt wird eine Abschlagsrechnung durch einen prüfbaren Nachweis der erbrachten Leistungen Dies kann z. B. ein Aufmaßblatt sein, dessen Maße vor Ort nachgeprüft werden können.

Ein vereinbarter Sicherheitseinbehalt ermöglicht die Kürzung einer Abschlagsrechnung um einen bestimmten Prozentsatz bis zu einer Höhe von 5 % der Gesamtsumme. Unter dem Sicherheitseinbehalt versteht man einen Geldbetrag, der für die Dauer der Gewährleistungszeit vom Auftraggeber einbehalten werden kann, um sicherzustellen, dass in dieser Zeit auftretende Mängel beseitigt werden.

Sinnvoll ist die Verwendung eines Formblatts vom bauleitenden Architekten, das ausgefüllt jeder geprüften Rechnung beigefügt werden kann und eine gute Übersichtlichkeit schafft. Es sollte die auf S. 147 aufgeführten Informationen enthalten.

Gibt es mit dem Unternehmer bereits Schwierigkeiten wegen Mängeln, sollte eine Abschlagszahlung nur in Absprache mit Ihrem Anwalt geleistet werden. Möglicherweise kommt es aufgrund der Nichtbeseitigung von Mängeln zu einer Kündigung des Vertrags, sodass eine andere Firma zu Lasten des Vorunternehmers die Arbeiten ausführt und abschließt. Ist dieses Unternehmen teurer als der gekündigte Vorunternehmer, kann Ihnen die Bezahlung ohne anwaltliche Absicherung einen finanziellen Nachteil bringen.

7.9 Kostensteuerung in der Bauphase

Am Bau eines Einfamilienhauses sind meist ca. 20 Unternehmen plus Fachingenieure beteiligt, die alle jeweils auch Abschlagsrechnungen stellen, sodass Sie während des Bauablaufs durchaus über 100 Rechnungen erhalten können.

Daher ist die Kostenkontrolle und Kostensteuerung in der Bauphase eine der wichtigsten Aufgaben des bauleitenden Architekten. Er muss jederzeit genau wissen, wie hoch die bisherigen Ausgaben sind, damit der vorgesehene Kostenrahmen nicht gesprengt wird. Er muss einen Überblick darüber haben, ob die Kosten der einzelnen Gewerke höher oder niedriger als in der Kostenberechnung vorgesehen ausfallen und Sie sofort informieren, wenn sich Kostenüberschreitungen abzeichnen. Außerdem benötigt er einen Überblick der bisher geleisteten Teilzah-

Kostensteuerung in der Bauphase 7.9

Deckblatt für Abschlagsrechnung	
Name des Bauvorhabens:	
Datum der Prüfung	
Laufende Nummer der Rechnung	
Gewerk, Name der Firma	
Auftragsdatum	
Eingangsdatum der Rechnung	
Datum der Rechnung	
Rechnungsnummer des Unternehmers	
Evtl. Skontofrist bis	
Gesamte Auftragssumme netto (inkl. evtl. Nachträge)	EUR
Rechnungssumme vorliegende Rechnung	EUR
Rechnungssumme vorliegende Rechnung **nach Prüfung**	EUR
Evtl. vereinbarte Abzüge	EUR
Rechnungssumme geprüft netto	**EUR**
Mehrwertsteuer	**EUR**
Rechnungssumme geprüft brutto	**EUR**
Evtl. vereinbarter Sicherheitseinbehalt	EUR
Sonstige Abzüge	EUR
Gesamtbetrag nach Abzügen (brutto)	EUR
Bisher bezahlte AZ-Summe (brutto)	EUR
Freigegebener Betrag	**EUR**
Datum / Unterschrift des Bauleiters	

Abb. 62:
Deckblatt

lungen der einzelnen Gewerke, damit er nicht versehentlich zu hohe Beträge freigibt. Denn nicht jede Abschlagsrechnung oder Schlussrechnung ist Ihrer Höhe nach berechtigt.

Auch Sie selbst sollten sich immer über den Stand der Ausgaben informiert halten, damit Sie nicht plötzlich mit Mehrkosten konfrontiert werden. Hierzu können Sie Tabellenkalkulationsprogramme wie beispielsweise Excel nutzen. Sie benötigen im Wesentlichen drei Tabellen:

Tabelle 1: Übersicht Rechnungen

Bauherr: Franz Meier
Objekt: Musterstr.5 Musterhausen

Nr.	Datum	Betrag	Firma	Titel	KG	Datum	Bezahlt	Grund der Abweichung
1	(Datum)	3.400,00 EUR	Architekt	1. AZ	700	(Datum)	3.400,00 EUR	
2	(Datum)	1.200,00 EUR	Baugrund	Schlussrechnung	700	(Datum)	1.164,00 EUR	Skonto 3 %
3	(Datum)	800,00 EUR	Vermessungsing.	1. AZ	200	(Datum)	800,00 EUR	
4	(Datum)	750,00 EUR	Stadtverwaltung	Baugenehmigung	700	(Datum)	750,00 EUR	
5	(Datum)	2.500,00 EUR	Fa. Schmitz	1. AZ	200	(Datum)	2.000,00 EUR	Rechnung höher als bisherige Leistung
6	(Datum)	3.500,00 EUR	Fa. Müller	1. AZ	300	(Datum)	3.500,00 EUR	
7								
...								
28								
				Zwischensumme			11.614,00 EUR	

Abb. 63:
Übersichtsblatt aller eingegangenen Rechnungen

- eine Übersicht über alle Rechnungen

- eine Übersicht über Kostenabweichungen innerhalb der einzelnen Gewerke

- eine Übersicht über Abschlagszahlungen innerhalb der einzelnen Gewerke.

Nachfolgend wird beispielhaft dargestellt, wie diese Tabellen gestaltet werden können. Fehlt Ihnen die Zeit, die Kosten nachzuhalten, sollten Sie mit Ihrem bauleitenden Architekten vereinbaren, dass er Sie monatlich über den Stand informiert.

Übersicht über alle Rechnungen

Eine solche Tabelle führt alle bereits gezahlten Rechnungen datumsweise auf. Indem Sie sich alle Rechnungen in doppelter Ausfertigung zukommen lassen, können Sie eine Rechnung zum jeweiligen Gewerk ablegen und eine Rechnung in den Rechnungsordner. Die Übersichtstabelle über alle Rechnungen befindet sich ebenfalls in diesem Rechnungsordner. Zu jeder Rechnung werden folgende Informationen in die Übersichtstabelle eingetragen:

- eine fortlaufende Nummerierung aller Rechnungen

- das Datum der Rechnung

Kostensteuerung in der Bauphase 7.9

Tabelle 2: Kostensteuerung / Kostenkontrolle					
Gewerk	Herrichten	Wasserhaltung	Aushub	Rohbauarb.	Zimmererarb.
Auftragnehmer	Fa. Meier	Fa. Müller	Fa. Schmitz	Fa. Schulze	
Kostenberechnung	1.500,00 EUR	10.000,00 EUR	6.000,00 EUR	120.000,00 EUR	13.000,00 EUR
Vertragssumme	2.000,00 EUR	8.700,00 EUR	6.000,00 EUR	118.000,00 EUR	
Nachtrag 01	900,00 EUR		2.000,00 EUR	4.000,00 EUR	
Nachtrag 02					
Nachtrag 03					
Nachtrag 04					
Nachtrag 05					
Nachtrag 06					
Nachtrag 07					
Nachtrag 08					
Gesamtsumme/Aktuell	2.900,00 EUR	8.700,00 EUR	8.000,00 EUR	122.000,00 EUR	
Differenzsumme zur Kostenberechnung	1.400,00 EUR	−1.300,00 EUR	2.000,00 EUR	2.000,00 EUR	
Arbeiten abgeschlossen	ja	nein	nein	nein	

Kostenkontrolle aktuell: Kostenüberschreitung / Kostenunterschreitung bezogen auf die Kostenberechnung	4.100,00 EUR	[x] Kostenüberschreitung [ ] Kostenunterschreitung

- den Rechnungsbetrag

- den Namen des Rechnungsstellers bzw. das jeweilige Gewerk

- die Art der Rechnung (Abschlagszahlung (Nr.) oder Schlussrechnung)

- eine Zuordnung zur Kostengruppe der Kostenberechnung

- das Datum der Bezahlung

- die Höhe des bezahlten Betrages

- bei Abweichungen zwischen Rechnungsbetrag und bezahltem Betrag den Grund für die Abweichung.

Abb. 64:
Übersicht über Kostenabweichungen innerhalb der Gewerke

Übersicht über Kostenabweichungen innerhalb der Gewerke

Mit dieser Tabelle haben Sie ein Kostensteuerungsinstrument in der Bauphase. Indem Sie immer einen genauen Vergleich zwischen den veranschlagten Kosten jedes einzelnen Gewerks und der Auftragssumme im Auge haben, wissen Sie vor der Vergabe weiterer Gewerke, ob das veranschlagte Budget noch ausreichend ist. Hierzu müssen folgende Informationen in der Tabelle erkennbar sein:

- alle bereits vergebenen Gewerke

- die veranschlagte Summe in der Kostenberechnung

Tabelle 3: Übersicht Abschlagszahlungen						
Gewerk	Herrichten	Wasserhaltung	Aushub	Rohbauarb.	Zimmererarb.	Dachdeckerarb.
Auftragnehmer	Fa. Meier	Fa. Müller	Fa. Schmitz	Fa. Schulze	Fa. Peters	Fa. Heinz
Vertragssumme	2.000,00 EUR	8.700,00 EUR	6.000,00 EUR	118.000,00 EUR	12.000,00 EUR	15.500,00 EUR
Nachtrag 01	900,00 EUR		2.000,00 EUR	4.000,00 EUR		
Nachtrag 02						
Nachtrag 03						
Nachtrag 04						
Vertragssumme aktuell	2.900,00 EUR	8.700,00 EUR	8.000,00 EUR	122.000,00 EUR	12.000,00 EUR	15.500,00 EUR
Vereinbarte Einbehalte						
Sicherheitseinbeh. Gewähl.	0,00 EUR			6.100,00 EUR		
Anteil Bauleist.vers.	0,00 EUR	1.000,00 EUR		50,00 EUR	50,00 EUR	50,00 EUR
Anteil Baustrom	0,00 EUR			150,00 EUR		
Anteil Bauwasser	0,00 EUR			150,00 EUR		
Summe Einbehalte	0,00 EUR	1.000,00 EUR	0,00 EUR	6.450,00 EUR	50,00 EUR	50,00 EUR
max. Auszahlung vor Abnahme bis 90%	2.610,00 EUR	6.930,00 EUR	7.200,00 EUR	103.995,00 EUR	10.755,00 EUR	13.905,00 EUR
01. AZ	1.000,00 EUR	5.000,00 EUR	5.000,00 EUR	25.000,00 EUR		
02. AZ	1.000,00 EUR	1.500,00 EUR		25.000,00 EUR		
03. AZ						
04. AZ						
05. AZ						
06. AZ						
07. AZ						
08. AZ						
09. AZ						
10. AZ						
Gesamtsumme AZ	2.000,00 EUR	6.500,00 EUR	5.000,00 EUR	50.000,00 EUR	0,00 EUR	0,00 EUR
Noch maximal mögliche AZ (bis 90%)	610,00 EUR	430,00 EUR	2.200,00 EUR	53.995,00 EUR	10.755,00 EUR	13.905,00 EUR
zusätzliche Abzüge	50,00 EUR					
Skonto	87,00 EUR					
Schlussrechnung	763,00 EUR					
Endbetrag nach Fertigstellung	2.763,00 EUR					

Abb. 65:
Übersicht über Abschlagszahlungen

- die Auftragssumme

- alle eventuellen Nachträge für zusätzliche Leistungen

- die Abweichung zwischen Kostenberechnung und Auftragshöhe

- die Abweichung zur Kostenberechung insgesamt

- ein Vermerk, wenn die Arbeiten abgeschlossen sind (Schlussrechnung).

Übersicht über Abschlagszahlungen innerhalb der Gewerke

Wichtig ist, dass bei Abschlagszahlungen einzelne Gewerke nicht versehentlich überzahlt werden. In eine Übersicht sollten daher die folgenden Informationen abgerufen werden können:

- die Vereinbarung über die Möglichkeit von Einbehalten bei Abschlagsrechnungen

- der maximal zulässige Betrag, der vor der Schlussrechnung gezahlt werden kann

- eine Übersicht aller bereits erfolgten Zahlungen und deren Höhe

- eine Übersicht über eventuelle Abzüge wegen Mängeln

- eine Übersicht über erfolgte Skontoabzüge.

8 Fertigstellung, Abnahme und Schlussrechnung des Unternehmers

Bei der Fertigstellung, Abnahme und Schlussrechnungsprüfung des Unternehmers steht Ihnen Ihr Architekt zwar bei, letztlich sind aber Sie und nicht Ihr Architekt Vertragspartner der Handwerker, daher sollten Sie über diese Vorgänge gut informiert sein.

8.1 Mitteilung der Fertigstellung und Abnahmeverlangen des Handwerkers

Wenn der Handwerker seine Leistung erbracht hat, wird er Ihnen dies mitteilen und um Abnahme der erbrachten Leistung bitten. Sie können ihm dies als Bauherr nicht verwehren, sondern müssen seiner Bitte nachkommen und zwar binnen 12 Tagen, wenn Sie im Bauvertrag eine förmliche Abnahme nach VOB vereinbart haben. Dies regelt § 12 der VOB. Haben Sie hingegen einen Bauvertrag nach VOB vereinbart ohne spezielle Vereinbarungen zur Abnahme, gilt das Bauwerk 12 Tage nach schriftlicher Fertigstellungsmitteilung durch den Unternehmer als abgenommen.

Dies ist für Sie als Bauherr natürlich sehr gefährlich. Und das ist z. B. einer der Gründe, warum Verbraucherverbände gegen die Empfehlung der VOB auch für Verbraucher Klage erhoben haben. Denn nach dem BGB steht Ihnen grundsätzlich eine förmliche Abnahme zu. Wollen Sie ungeachtet der noch laufenden gerichtlichen Klärungen zur Anwendung der VOB in Verbraucherverträgen, diese trotzdem zur Vertragsgrundlage machen, sollten Sie unbedingt dezidierte Regelungen zur Abnahme treffen. Es ist dringend zu empfehlen, dass Sie bereits in den Ausschreibungsunterlagen, auf die Sie einen Zuschlag erteilen, oder im Bauvertrag klar regeln, dass eine förmliche Abnahme vereinbart wird, soweit Sie einen VOB-Vertrag vereinbaren. Sie können hier gemäß VOB auch abweichende Fristen regeln, so z. B. dass Sie die Abnahme nicht binnen 12 Tagen nach Abnahmeverlangen des Unternehmers durchführen müssen, sondern z. B. binnen 30 Tagen. Das gibt Ihnen mehr Spielraum.

Haben Sie einen BGB-Vertrag, sind Sie grundsätzlich, also auch ohne dezidierte Regelung, zu einer Abnahme verpflichtet. Dies regelt § 640 des BGB. Auch hier ist es so, dass Sie der Aufforderung des Unternehmers zur Abnahme innerhalb eines angemessenen Zeitraums nachkommen müssen, sonst gilt die erbrachte Leistung als abgenommen. Unwesentliche Mängel stehen einer Abnahme nicht entgegen. Nur erhebliche Mängel, wie beispielsweise ein verhinderter Bezug des Gebäudes, tun dies. Dies gilt für VOB und BGB-Verträge.

8.2 Bedeutung der Abnahme und Abnahmeformen

Die Abnahme einer erbrachten Leistung ist ein sehr wichtiger Rechtsakt im Zuge des Bauablaufs, dem allergrößte Aufmerksamkeit geschenkt werden muss. Mit der Abnahme erkennen Sie die Leistung des Unternehmers als vertragsgemäß erbracht an. Ferner kehrt sich mit dem Zeitpunkt der erfolgten Abnahme die Beweislast um. Das heißt, ab dem Zeitpunkt der Abnahme muss nicht mehr der Unternehmer Ihnen, sondern Sie dem Unternehmer nachweisen, dass ein Baumangel vorliegt.

Die Abnahme hat rechtlich folgende Auswirkungen:

- Der Unternehmer hat Anspruch auf die Schlusszahlung.
- Die Gefahr für Schäden an der Leistung liegt jetzt beim Bauherren.
- Ohne Vorbehalt verliert der Bauherr den Anspruch auf Vertragsleistungen und die Beseitigung bekannter Mängel.
- Der Gewährleistungszeitraum beginnt.
- Umkehr der Beweislast auf den Auftraggeber (der Bauherr muss den Mangel nachweisen).

Grundsätzlich gibt es fünf verschiedene Abnahmeformen, drei nach der VOB und zwei nach dem BGB:

- förmliche Abnahme nach der VOB/B
- automatische Abnahme 12 Tage nach Zugang der schriftlichen Fertigstellungsmiteilung durch den Handwerker (häufig auch als „fiktive Abnahme" bezeichnet)
- automatische Abnahme, wenn die Handwerkerleistung nach Fertigstellung durch den Bauherrn in Benutzung genommen wird (6 Werktage nach Beginn der Benutzung)
- förmliche Abnahme nach dem BGB
- automatische Abnahme, wenn der Besteller des Werkes nicht innerhalb einer angemessenen Frist des Handwerkers die Abnahme durchführt.

8.3 Durchführung der Abnahme

Die Durchführung einer förmlichen Abnahme nach VOB oder BGB bedeutet, dass Sie gemeinsam mit dem Unternehmer und nach Möglichkeit auch Ihrem Bauleiter und/oder Architekten vor Ort die erbrachte Handwerkerleistung begutachten, vorhandene Mängel feststellen und ein gemeinsames Protokoll anfertigen, in das bestimmte Angaben zwingend aufgenommen werden müssen, damit es als Grundlage für spätere Gewährleistungsansprüche dienen kann. Ein solches Abnahmeprotokoll muss unbedingt folgende Punkte enthalten:

- Datum, Ort und Uhrzeit der Abnahme
- die vollständigen Namen und die Funktion aller Anwesenden (Bauherr, Architekt, Unternehmer)
- Übergabe von Unterlagen (Schlüssel, Papiere, Pläne etc.) dokumentieren
- strukturelle Vorgehensweise der Abnahme dokumentieren (z. B. Beginn im Keller, dann Gang in die oberen Geschosse und aufs Dach, schließlich Begutachtung von außen)
- evtl. die Wetterlage dokumentieren (Bewölkt? Sonnenschein? Schneedecke/schneebedeckte Bauteile? Temperatur? Luftfeuchtigkeit?)
- sichtbare Schäden und Mängel auflisten und genau beschreiben, evtl. mit einem Fotoapparat dokumentieren
- etwaige Schadenshöhe der bestehenden Mängel dokumentieren
- Termin für Mängelbeseitigung vereinbaren
- Höhe des Einbehalts bis zur Mängelfreiheit vereinbaren
- halten Sie exakt fest, welche Bereiche nicht begangen oder eingesehen werden konnten und klammern Sie diese notfalls aus
- Dauer der Abnahme
- Unterschrift aller Teilnehmer.

Es empfiehlt sich, die Abnahmen der einzelnen Gewerke gut vorzubereiten. Das heißt für Sie als Bauherr vor allem, dass Sie zum einen gut informiert auf die Baustelle kommen und zum anderen ausreichend Zeit mitbringen. Wichtige Anschlusstermine sollten Sie unbedingt vermeiden (z. B. Urlaubsflüge, Notartermine etc.). Außerdem sollten Sie für einen Abnahmetermin auf einigermaßen vertretbaren Wetterbedingungen bestehen.

Um eine Abnahme sorgfältig vorzubereiten ist es sehr sinnvoll, wenn Sie einige Tage vor dem angesetzten Termin gemeinsam mit Ihrem Architekten die Baustelle durchgehen. Sie können hierbei mit großer Ruhe und unbeeindruckt von wortgewandten Unternehmern oder hektischen Umständen allen Dingen nachgehen, die Ihnen nicht sachge-

> **Tipp:**
> *Überlegen Sie vor einer Abnahme eines Gewerks, die Handwerker des Nachfolgegewerks mit auf die Baustelle zu nehmen. Sollten bei diesen Bedenken gegen die erbrachten Vorleistungen bestehen, können Sie noch reagieren. Sinnvoll ist darüber hinaus bei problematischen Schnittstellen (z. B. Zementestrichleger und Parkettleger) Vertreter auch des Nachfolgegewerks bei Beginn der Arbeiten am Vorgewerk mit einzuschalten und eventuell entstehende Problempunkte sofort abzustellen.*

mäß erscheinen. Machen Sie sich hierzu genaue Notizen und nehmen Sie diese zum späteren Abnahmetermin mit. Machen Sie sich gleich auch eine Liste all jener Bereiche eines Gewerks, die Sie nicht besichtigen können, sei es aus bautechnischen oder anderen Gründen.

Nehmen Sie zu Ihrer Vorbesichtigung auch das komplette Leistungsverzeichnis des betreffenden Gewerks mit und überprüfen Sie mindestens stichprobenartig, ob die einzelnen Positionen gemäß dem LV ausgeführt wurden. Denken Sie unbedingt daran, Ihren kleinen Baustellenkoffer auch bei diesem Termin mitzunehmen, damit Sie von der Taschenlampe bis zum Zollstock alles dabei haben, was Sie für eine Überprüfung benötigen.

Vermeiden Sie auch für solche Vorbegehungen Termindruck oder Abendstunden mit schwierigen Sichtverhältnissen. Nehmen Sie sich bewusst Zeit dafür. Falls Sie befürchten, dass Sie bei der Abnahme mit einem der Unternehmer erhebliche Schwierigkeiten bekommen, können Sie Überlegungen anstellen, vorab auch einen Gutachter einzuschalten, der die erbrachten Leistungen in Augenschein nimmt und der Ihnen vorab Ihre Anspruchsaussichten detailliert darlegt. So vermeiden Sie unter Umständen unnötige Rechtsstreitereien.

Denken Sie auch daran, dass Sie Abnahmen nach Möglichkeit nicht in übermüdetem Zustand, z. B. nach langen Arbeitstagen oder durchgefeierten Nächten durchführen sollten, sondern dass Sie ausgeruht und wach sein sollten.

Achten Sie darauf, dass es nur ein verbindliches Abnahmeprotokoll gibt, das von allen gegengezeichnet wird, und dass jeder in Durchschrift ausgehändigt bekommt. Vermeiden Sie in jedem Fall, dass Parallelprotokolle erstellt werden und nachher sozusagen jeder alles gegenzeichnet. Das kann in einer rechtlich völlig wirren und paradoxen Situation enden.

Zum Zeitpunkt der Abnahme sichtbare Mängel müssen ins Protokoll aufgenommen und vorbehalten werden. Das heißt, Sie notieren ins Protokoll, um welchen Mangel es sich handelt, bis wann er behoben und welche Geldsumme bis dahin einbehalten wird. Tun Sie dies nicht, verlieren Sie Ihren Gewährleistungsanspruch auf diese Mängel.

Für zum Zeitpunkt der Abnahme verdeckte, also nicht sichtbare Mängel, gelten automatisch die üblichen Gewährleistungszeiten (nach VOB vier Jahre, wenn nichts anderes vereinbart ist, nach BGB fünf Jahre. Die VOB-Regelung dürfte allerdings einer gerichtlichen Überprüfung zur

Anwendung in Verbraucherverträgen wohl nicht standhalten). Es ist allerdings ratsam, im Abnahmeprotokoll all jene Bereiche zu benennen, die nicht mehr sichtbar sind, sodass es später keinen Streit darüber geben kann, ob ein Bauteil zum Zeitpunkt der Abnahme sichtbar war oder nicht.

8.4 Die Schlussrechnung des Unternehmers

Nach der erfolgten Abnahme kann der Unternehmer die Schlussrechnung stellen. Ähnlich wie die Abnahme muss auch die Schlussrechnungsprüfung mit großer Sorgfalt durchgeführt werden, denn auch sie begründet Ansprüche des Unternehmers gegenüber Ihnen.

In der Regel wird Ihre Bauleiter und/oder Architekt die Prüfung für Sie vornehmen und zur Zahlung freigeben. Trotzdem sollten auch Sie ein Auge hierauf haben.

Sinnvollerweise geht man bei der Prüfung einer Schlussrechnung Schritt für Schritt vor.

- Zunächst wird überprüft, ob die Schlussrechnung überhaupt fällig ist. Voraussetzung hierfür ist, dass die Abnahme durchgeführt wurde.
- Als zweites wird überprüft, ob die Schlussrechnung überhaupt prüffähig ist. Das heißt, sie muss nachvollziehbar aufgebaut und gegliedert sein, sie muss Grundleistungen, besondere Leistungen und zusätzliche Leistungen, für die Nachforderungen vorliegen, klar voneinander trennen. Sie muss ferner ein Aufmaß als Anlage enthalten (soweit es sich um einen Einheitspreisvertrag nach VOB oder BGB handelt), aus dem alle abgerechneten Mengen eindeutig hervorgehen.
- Als drittes wird überprüft, ob in der Schlussrechnung alle bisher geleisteten Abschlagsrechnungen berücksichtigt wurden, also von dieser bereits subtrahiert sind.
- Als viertes wird überprüft, ob die in der Schlussrechnung aufgeführten Leistungen auch in dem entsprechenden Umfang erbracht wurden und ob die aufgeführten Materialien auch in dem gelisteten Umfang verbaut wurden.
- Als fünftes werden alle Einzelbeträge nachgerechnet, alle Zwischensummen überprüft und auch alle Summenüberträge von einer Seite auf die nächste auf Korrektheit überprüft. Schließlich wird die errechnete Gesamtsumme überprüft.

- Als sechstes wird überprüft, ob während der Abnahme im Abnahmeprotokoll Einbehalte vereinbart wurden.

- Als siebtes wird überprüft, ob für Bauwasser oder Baustrom prozentuale oder pauschale Einbehalte erfolgen.

- Als achtes wird überprüft, ob ein genereller Gewährleistungseinbehalt vereinbart und in Abzug gebracht wurde. Häufig 5 % der Gesamtsumme. Möglicherweise sind Teilbeträge hiervon oder aber sogar schon die ganze Summe bei der Begleichung der Abschlagszahlungen einbehalten worden.

- Als neuntes wird überprüft, ob die mögliche Gewährung eines Skontos seitens des Handwerkers berücksichtigt wurde.

- Als zehntes wird geprüft, ob der Mehrwertsteuersatz stimmt und richtig aufgerechnet wurde.

- Zum Schluss wird überprüft, ob der Unternehmer eine Freistellungsbescheinigung seitens seines Finanzamtes vorgelegt hat. Hat er dies nicht, müssen Sie unter Umständen 15 % der Auftragssumme direkt an das für den Unternehmer zuständige Finanzamt abführen, also von der Rechnung streichen. Klären Sie dies vorab mit Ihrem Architekten und Handwerker.

Soweit sich in der Schlussrechnung Kürzungen ergeben haben, sollte der Handwerker hierüber in Kenntnis gesetzt werden, damit dieser die Kürzungen und die verblieben Summe nachvollziehen kann. Am einfachsten geht dies, indem Sie ihm die geprüfte Schlussrechnung in Kopie zusenden. Hierbei ist allerdings Vorsicht geboten, denn es sollten keine Widersprüche zwischen nicht ausbezahlten Beträgen und als erbracht gekennzeichneten Leistungen in der Schlussrechnung auftauchen.

So kann es z. B. sein, dass Sie irgendeine Leistung abhaken, aber nicht, weil diese erbracht wurde, sondern weil sie diese nachgerechnet haben. Ein solcher Haken im Dokument der Schlussrechnung kann später sehr widersprüchlich sein und im Zweifelsfalle vor Gericht sogar als Anerkenntnis dieser Leistung gelten.

Für die Prüfung der Schlussrechnung ist es daher sehr sinnvoll, sich zunächst eine Kopie derselben zu ziehen und in dieser im Unreinen zu prüfen. In das Original sollten die Streichungen dann erst später sorgsam eingearbeitet werden.

9 Die Gewährleistung

Nach der erfolgten Abnahme setzt die Phase der Gewährleistung ein. Geht Ihnen innerhalb eines bestimmten Zeitraums ohne Ihr Verschulden ein Bauteil kaputt oder taucht ein Mangel auf, der während der Abnahme nicht vorhanden oder nicht zu sehen war, haben Sie einen Gewährleistungsanspruch.

Diesen Gewährleistungsanspruch müssen Sie gegenüber dem Unternehmer geltend machen. Häufig taucht in diesem Zusammenhang Streit darüber auf, ob ein Mangel auch wirklich ein Mangel ist oder eine hinzunehmende Unregelmäßigkeit innerhalb des technischen Toleranzrahmens liegt oder nicht.

Ihr Architekt steht Ihnen während der Gewährleistungszeit zur Seite, wenn Sie mit ihm auch die Leistungsphase 9 der HOAI vereinbart haben. Es ist sehr sinnvoll dies zu tun, weil Ihr Architekt dann schon während der Bauphase zusätzlich angespornt wird, sorgsam darauf zu achten, dass keine Mängel entstehen, um sich später nicht um deren Beseitigung kümmern zu müssen.

Allerdings hilft Ihnen Ihr Architekt nicht bei der rechtlichen Durchsetzung Ihrer Ansprüche. Er bereitet dies nur mit Ihnen vor. Manchmal werden Sie daher nicht ohne Ihren Anwalt auskommen. Haben Sie ihn frühzeitig und präventiv eingeschaltet, kennt er Ihre Bauverträge und Ihr Bauvorhaben gut und kann dann gerade in der Gewährleistungszeit optimal reagieren. Ist er im Schwerpunkt auf Baurecht spezialisiert, haben Sie zusätzlich den großen Vorteil, dass er sich im Bereich des Mangelnachweises gut auskennt und zügig und jeweils angemessen reagieren kann.

9.1 Dauer der Gewährleistungszeit

Die Dauer der Gewährleistungszeit ist unterschiedlich lang, sie hängt von der Vertragsform ab. Nach der VOB gilt eigentlich eine Gewährleistungszeit von vier Jahren, wenn nichts anderes vereinbart ist. Bei Verträgen nach dem BGB gilt eine Gewährleistungszeit von fünf Jahren. Die VOB-Regelung dürfte für Verbraucherverträge aber der gerichtlichen Überprüfung nicht standhalten, da sie um ein Jahr kürzer ist als die gesetzliche Gewährleistungsfrist des BGB.

9.2 Rechtliche Ansprüche während der Gewährleistungszeit

Für die Dauer der Gewährleistungszeit stehen Ihnen verschiedene Rechte zu, je nachdem, ob Sie Bauverträge nach dem BGB oder nach der VOB geschlossen haben.

Die wesentlichen Rechte aus dem BGB sind:

- Nacherfüllung § 635 BGB
- Selbstvornahme und Aufwendungsersatz § 637 BGB
- Vergütungsminderung § 638 BGB
- Rücktritt vom Vertrag § 636, § 323 und § 326 Abs.5 BGB.

Die wesentlichen Rechte aus der VOB sind:

- Mangelbeseitigung nach der Abnahme § 13 Abs.4 VOB/B
- Ersatzvornahme § 13 Abs.5 VOB/B
- Schadenersatzanspruch § 13 Abs.7 VOB/B.

9.3 Formal korrektes Vorgehen bei einem Mangel innerhalb der Gewährleistungszeit

Wenn ein Mangel auftritt, der bei der Abnahme noch nicht vorhanden oder nicht zu sehen war, ist ein formal korrektes Vorgehen sehr wichtig, damit Sie nicht Gewährleistungsansprüche durch formal falsches Vorgehen verlieren.

Tritt an dem von Ihnen bestellten Bauwerk innerhalb der Gewährleistungszeit ein Mangel auf, müssen Sie dem Unternehmer nachweisen, dass es sich um einen Baumangel handelt, den er zu vertreten hat.

In der Regel sollten Sie zunächst Ihren Architekten anrufen und mit ihm einen Vor-Ort-Termin vereinbaren. Hierbei wird Ihnen dann auch Ihr Architekt eine Einschätzung des Sachverhalts geben, ob es sich nach seiner Auffassung um einen Baumangel handelt oder nicht. Ist dies in seinen Augen der Fall, wird er mit dem betreffenden Unternehmer einen Vor-Ort-Termin vereinbaren, um auch gemeinsam mit ihm den Mangel in Augenschein zu nehmen.

In der Praxis beginnen an diesem Punkt bereits die ersten Probleme. Es ist nicht selten, dass sich Unternehmer sogar weigern, überhaupt zu einem solchen Termin zu kommen. In einem solchen Fall muss er schriftlich und unter Fristsetzung zur Mangelbeseitigung aufgefordert werden. Hierbei ist die Angemessenheit der Frist besonders wichtig. Das heißt, diese muss im Verhältnis zum Arbeitsaufwand oder aber Beschaffungsaufwand eines zu ersetzenden Bauteils stehen. Verstreicht die Frist fruchtlos, sollte dem Unternehmer eine Nachfrist gesetzt werden mit der Ankündigung, dass die Arbeiten im Falle eines fruchtlosen Verstreichens auch der Nachfrist durch ein anderes Unternehmen auf Kosten des ursprünglich beauftragten Unternehmers durchgeführt werden.

Sollte dieser Fall eintreten, gibt es hierbei ein größeres Problem. Sie können nicht einfach einen Mangel beseitigen lassen und die Kosten dann weiterreichen. Weigert sich der ursprünglich beauftragte Unternehmer nämlich, die Kosten zu tragen, müssen Sie ihn nötigenfalls gerichtlich belangen. Und exakt hierfür benötigen Sie natürlich das Hauptbeweismittel, nämlich den Mangel. Ist dieser dann aber beseitigt, ist damit auch Ihr Hauptbeweismittel beseitigt.

Daher kann es dazu kommen, dass Sie vor der Mangelbeseitigung ein selbstständiges Beweissicherungsverfahren einleiten müssen, um Ihre Rechtsansprüche später gerichtlich geltend machen zu können. Kommt es bei der Mängelbeseitigungsaufforderung an den Unternehmer zu einer solchen Entwicklung, ist die enge Zusammenarbeit und Abstimmung zwischen Bauherr, Architekt und Anwalt besonders wichtig, um erfolgreich gegenüber dem Unternehmer auftreten zu können.

Zwischen Bauverträgen nach BGB und Verträgen, bei denen die VOB vereinbart wurde, gibt es einen wesentlichen Unterschied:

Eine Mängelrüge führt bei einem Bauvertrag nach BGB nicht zur Aussetzung der Verjährung. Das bedeutet, dass die Verjährungsfrist durch Ihr Mangelschreiben nicht ausgesetzt wird, sondern weiterläuft. Erst wenn der Unternehmer den Mangel anerkennt oder Sie ein selbstständiges Beweissicherungsverfahren einleiten, wird die Verjährung unterbrochen und beginnt für dieses Bauteil nach Mängelbeseitigung neu zu laufen.

Ist ein VOB-Vertrag vereinbart worden, wird die Verjährung schon durch Ihre schriftliche Mängelrüge unterbrochen.

Vor allem zum Ende der Gewährleistungszeit kann dieser Unterschied entscheidend sein. Läuft die Gewährleistungsfrist bei einem Bauvertrag nach BGB ab, bevor der Unternehmer den Mangel anerkannt hat, verfällt Ihr Anspruch auf kostenlose Nachbesserung, obwohl Sie ihn vielleicht innerhalb der Gewährleistungsfrist auf diesen Mangel aufmerksam gemacht haben.

9.4 Mögliche Gewährleistungsansprüche außerhalb der Gewährleistungszeit

Taucht ein Mangel außerhalb der Gewährleistungszeit des Unternehmers auf, sollte immer auch überprüft werden, ob nicht doch noch eine Gewährleistung des Unternehmers vorliegt. Dies kann immer dann der Fall sein, wenn der Mangel auf Arglist des Unternehmers zurückzuführen ist. Sie werden in einem solchen Fall dem Unternehmer allerdings Arglist nachweisen müssen. Dies ist nicht immer einfach.

Ferner wird immer auch bewertet werden, ob Sie den Mangel nicht schon hätten vorher erkennen können oder ob Sie Ihrerseits den Mangel grob fahrlässig übersehen haben.

Bei kostenintensiven Schadensfällen sollte allerdings in jedem Falle ein Fachmann zu Rate gezogen werden, der begutachtet, ob seitens des Bauausführenden Unternehmens Arglist nachgewiesen werden kann.

9.5 Die Leistungen des Architekten innerhalb der Gewährleistungszeit

Vorausgesetzt, Sie haben mit Ihren Architekten auch die Leistungsphase 9 der HOAI vereinbart, wird Ihr Architekt auch während der Gewährleistungszeit für Sie tätig. Er muss folgende Leistungen für Sie erbringen:

- systematische Zusammenstellung der zeichnerischen Darstellungen und rechnerischen Ergebnisse des Objekts
- Zusammenstellung aller Gewährleistungsfristen aller Unternehmen
- Überwachung der Mängelbeseitigung
- Mitwirkung bei der Freigabe von Sicherheitsleistungen
- Objektbegehung zur Mängelfeststellung vor Ablauf der Gewährleistungsfristen der einzelnen Gewerke.

Das heißt für Sie, dass Ihr Architekt Ihnen alle Planunterlagen wie Baugesuch und Werkpläne zusammenstellen muss, letztere auf dem aktuellsten Stand der dann auch erfolgten Bauausführung sowie einen Energiebedarfsausweis des Gebäudes gemäß Energieeinsparverordnung, ferner eine Übersichtsliste über alle Gewerke und deren Gewährleistungsfristen. Sinnvollerweise lässt man sich in eine solche Liste auch gleich alle Ansprechpartner mit Adressen und Telefonnummern eintragen.

Außerdem wird Ihr Architekt Ihnen bei der Mängelbeseitigung durch die Firmen zur Seite stehen. Er wird in Ihrem Auftrag den Schriftverkehr führen und die Beseitigung der Mängel kontrollieren. Er wird darüber hinaus bei der Freigabe von Sicherheitseinbehalten mitwirken, d. h. gemeinsam mit Ihnen abstimmen, wann Sicherheitseinbehalte ganz oder teilweise freigegeben werden und wann nicht. Und schließlich wird Ihr Architekt vor Ablauf der jeweiligen Gewährleistung der einzelnen Gewerke einen Durchgang durch Ihr Objekt vornehmen, um eventuelle Mängel rechtzeitig vor Gewährleistungsablauf zu erkennen.

9.6 Gewährleistungsansprüche gegenüber dem Architekten

Nicht nur gegenüber den ausführenden Bauunternehmen, sondern natürlich auch gegenüber dem Architekten haben Sie Gewährleistungsansprüche. Bei der Sicherung dieser Ansprüche wird Ihnen Ihr Architekt naturgemäß nicht weiterhelfen, sondern hier sind Sie auf sich gestellt bzw. können das Vorgehen hierbei mit Ihrem Anwalt erörtern.

Architekten haften gemäß dem Werkvertragsrecht des BGB grundsätzlich fünf Jahre für alle von Ihnen erbrachten Werkleistungen. Das heißt, Sie können Ihren Architekten bis fünf Jahre nach Abnahme seiner Leistungen (in der Regel durch Bezahlung der Schlussrechnung) für Probleme und Schäden in Anspruch nehmen, die er zu verantworten hat.

Voraussetzung für die Geltendmachung eines Anspruchs gegenüber dem Architekten ist immer, dass ihm ein Bauplanungs- oder Bauleitungsfehler nachgewiesen werden kann. Ein typischer Planungsfehler kann sein, dass die Planung der Kelleraußenwandabdichtung unvollständig oder ungenau war. Ein Bauleitungsfehler kann sein, dass der Architekt während einer kritischen Phase des Bauvorhabens, also z. B. beim Betonieren der Fundamente oder beim Setzen des Dachstuhls, nicht auf der Baustelle anwesend war und in diesen Phasen Ausführungsfehler gemacht wurden, die er durch Anwesenheit und Kontrolle hätte verhindern können.

Entdecken Sie innerhalb der Gewährleistungszeit des Architekten einen Mangel, den Sie auf einen Planungs- oder Bauleitungsfehler zurückführen, wird es auch in diesem Fall zunächst ein Treffen mit dem Architekten vor Ort geben. Sie werden dann die Einschätzung des Architekten erfahren. Sehen Sie die Dinge dann anders, sollten Sie möglicherweise zunächst einen unabhängigen dritten Sachverständigen um Einschätzung bitten. Erst wenn auch dieser Ihnen Recht gibt, der

Mangel gravierend ist und Ihr Architekt einer Beseitigung nicht nachkommt, sollten Sie mit Ihrem Anwalt sprechen.

Bei Gewährleistungen nach dem BGB gilt, dass ein Mangelschreiben an den Architekten innerhalb der Gewährleistungszeit diese nicht unterbricht. Daher ist es notwendig, dass der Architekt innerhalb der Gewährleistungszeit entweder den Mangel anerkennt oder durch die Einleitung eines Beweissicherungsverfahrens die Gewährleistungszeit unterbrochen wird. Gerade am Ende der fünfjährigen Gewährleistungszeit sollten Sie beim Auftauchen eines Mangels die enge Abstimmung mit Ihrem Anwalt suchen.

Sofern Sie den Architekten nach Ablauf der Gewährleistungszeit für Planungs- oder Baumängel in Anspruch nehmen wollen, geht dies nur, wenn Sie ihm Arglist nachweisen können. Für arglistig verschwiegene Mängel haftet ein Architekt zehn Jahre. Hierbei ergibt sich aber immer wieder das Problem, dass Sie dem Architekten Arglist nachweisen müssen. Auch dies kann bei höheren Geldsummen rasch zu Prozessen führen.

Umgekehrt kann es dann sein, dass Ihnen der Architekt seinerseits vorwirft, einen Mangel grob fahrlässig übersehen zu haben, wenn er nachweisen kann, dass ein solcher Mangel jedem Bauherrn innerhalb einer angemessenen Zeit hätte auffallen müssen.

Zahlreiche Rechtsprozesse, viele davon bis vor den Bundesgerichtshof (BGH) in Karlsruhe, zeugen von Auseinandersetzungen zwischen Bauherren und ihren Architekten über die erforderliche Planungs- und Bauleitungssorgfalt im Rahmen eines Bauvorhabens. Diese Prozesse sind häufig müßig, langwierig und auch teuer.

Es ist daher wichtig, dass Sie von vornherein einen Architekten auswählen, bei dem Sie den Eindruck haben, dass er sich mit Einfühlungsvermögen, Engagement, Einsatz und Erfahrung Ihrem Bauvorhaben widmet. Vergleichen Sie seinen Einsatz ruhig mit dem eines Piloten, der alles tun wird, damit Sie sicher fliegen, ganz einfach weil er mit im Flugzeug sitzt, seine eigene Sicherheit also an seinem Verhalten hängt. Würde der Pilot das Flugzeug in dem Sie sitzen nur aus der Ferne steuern, würde sich Ihre Sicherheitslage schlagartig verändern – und zwar negativ. Der Architekt, mit dem Sie bauen, sollte also eine entsprechende Verantwortungshaltung gegenüber Ihnen als Bauherr mitbringen, die dem eines Piloten gegenüber Ihnen als Fluggast gleicht. Er sollte sich also für Ihren Hausbau genauso engagieren als ginge es um den Bau seines eigenen Hauses.

10 Die Honorarrechnungen des Architekten und der Fachingenieure

Wie bei den ausführenden Unternehmen auch werden die Fachingenieure und der Architekt im Planungs- und Bauablauf Teil- und Schlussrechnungen stellen. Während es zu den Aufgaben des Architekten gehört, die Teil- und Schlussrechnungen der Fachingenieure zu prüfen und freizugeben, müssen Sie die Prüfung der Honorarrechnungen des Architekten selbst vornehmen. Die beiden folgenden Kapitel geben Ihnen daher eine Übersicht, auf was Sie dabei achten müssen.

10.1 Honorar-Teilrechnungen

Fachingenieure müssen in der Planungs- und Bauphase zu verschiedenen Zeiten Leistungen erbringen. Der Vermessungsingenieur erstellt beispielsweise den Lageplan für das Baugesuch, wird dann wieder tätig, wenn die Lage des Gebäudes auf dem Grundstück gekennzeichnet werden soll und dann nach Fertigstellung des Rohbaus, um das Gebäude einzumessen. Zwischen den ersten und letzten Arbeiten kann unter Umständen durchaus ein Jahr liegen, sodass es verständlich ist, das er in sich abgeschossene Teilleistungen abrechnen möchte.

Auch der Architekt wird für erbrachte Leistungen Teilrechnungen stellen wollen. Dies kann z. B. nach Erbringung der Leistungsphasen 1 bis 3 (Grundlagenermittlung, Vorplanung, Entwurfsplanung) der Fall sein, wenn der Architekt die Ergebnisse jeweils zusammengefasst und Ihnen übergeben hat und Sie diese anerkannt haben. Abschluss der Leistungsphase 4 (Genehmigungsplanung) ist die Erteilung der Baugenehmigung.

Schwierig ist häufig die Einschätzung einer Berechtigung von Teilrechnungen in den Leistungsphasen 5 bis 7 (Ausführungsplanung, Vorbereitung und Vergabe, Mitwirkung bei der Vergabe), da bis zuletzt Detailplanungen nötig werden können und die letzten Aufträge für das Gebäude möglicherweise auch erst gegen Ende der Bauphase vergeben werden. Gleiches gilt für die Leistungsphase 8 (Objektüberwachung), die bei einem Einfamilienhaus in der Regel etwa sechs bis neun Monate dauert.

Dennoch sollten im Interesse einer guten Zusammenarbeit zwischen Bauherr und Architekt Regelungen über die Möglichkeit von Teilrechnungen getroffen werden. Für die Honorierung der Leistungsphase 5 kann beispielsweise vereinbart werden, dass bestimmte Planunterlagen fertiggestellt sein müssen, bevor ein Zahlungsanspruch entsteht. Die Voraussetzungen für Teilrechnungen der Leistungsphasen 6, 7 und 8 können an den Bauablauf gekoppelt werden, z. B. jeweils eine Teilzahlung nach Fertigstellung der Kellerdecke, nach Fertigstellung des Dachstuhls, nach dem Verlegen des Estrichs, nach Fertigstellung der Malerarbeiten, nach Fertigstellung des Gebäudes. Wie auch immer Sie diese Teilzahlungen mit dem Architekten vereinbaren, wichtig ist, dass Sie im Vertrag entsprechende Regelungen in Form eines Zahlungsplans aufnehmen.

Sinnvollerweise sollten Teilrechnungen aus gerundeten Eurobeträgen bestehen, damit die Übersichtlichkeit bei der Honorar-Schlussrechnung erleichtert wird.

Der erste Schritt bei der Prüfung von Honorar-Teilrechnungen besteht darin, zu kontrollieren, ob alle Zahlungsvoraussetzungen erfüllt sind, d. h. ob zum Zeitpunkt der Rechnungsstellung überhaupt ein Anspruch gemäß Zahlungsplan besteht. Außerdem müssen Sie darauf achten, dass Sie nur die bis dahin geleisteten Arbeiten vergüten. Eine Honorar-Teilrechnung muss diesbezüglich prüfbar sein.

10.2 Honorar-Schlussrechnungen

Die Voraussetzungen für einen Zahlungsanspruch einer Honorar-Schlussrechnung sind erst dann gegeben, wenn alle vereinbarten Leistungen ordnungsgemäß erbracht wurden und die Schlussrechnung prüffähig ist.

Schlussrechnungen von Fachingenieuren müssen vom Architekten in dieser Hinsicht geprüft und mit Freigabevermerk an Sie weitergegeben werden. Für die Prüfung der Honorar-Schlussrechnung des Architekten, die Sie selbst vornehmen müssen, bedeutet dies:

- Hat der Architekt alle vereinbarten Leistungsphasen vollständig und ordnungsgemäß erbracht?
- Ist die Schlussrechnung nachvollziehbar aufgebaut, sodass sie sachlich und rechnerisch geprüft werden kann?

Wurde beispielsweise die Leistungsphase 9 vereinbart, muss sich der Architekt um die Mängelbeseitigung während der Gewährleistungszeit der Unternehmer kümmern. Er kann die Schlussrechnung daher erst stellen, wenn die letzte Gewährleistungsfrist abgelaufen ist, also ca. fünf Jahre nach der letzten Abnahme am Bauwerk. Viele Architekten vereinbaren daher diese Leistungsphase gesondert von den restlichen

Phasen, damit bereits nach Abschluss der Leistungsphase 8 und Übergabe des Objekts eine Schlussrechnung gestellt werden kann.

Prüffähig ist eine Rechnung dann, wenn die Richtigkeit der einzelnen Rechenansätze sowohl sachlich als auch rechnerisch vom Bauherrn kontrolliert werden kann. Daher sollten folgende Punkte enthalten sein:

- Objektbezeichnung und Vertragsgrundlage (Vertrag vom (Datum))
- Aufschlüsselung der anrechenbaren Kosten nach der Kostenberechnung (seit der HOAI 2009 ist nur noch die Kostenberechnung Grundlage zur Ermittlung der anrechenbaren Kosten).
- Honorarzone und Honorarsatz
- Aufführen der erbrachten Grundleistungen
- ggf. Berücksichtigung eines erhöhten Umbauzuschlags
- Honorarberechnung nach Tabelle § 34 inkl. Interpolation
- Aufführen eventuell erbrachter besonderer Leistungen
- Zusatzhonorar eventueller besonderer Leistungen
- Ermittlung Erfolgshonorar, falls vereinbart
- Nebenkostenermittlung
- Abzug von Abschlagszahlungen
- Mehrwertsteuer
- Anlagen Kostenberechnung, Kostenanschlag, Kostenfeststellung.

Wenn Ihnen der Architekt eine Honorar-Schlussrechnung vorlegt, die Sie nicht nachvollziehen können, können Sie sich zunächst einmal in Ruhe mit ihm zusammensetzen und sich die Rechnung Punkt für Punkt erläutern lassen. Bestehen dann immer noch Unklarheiten, die Ihr Architekt weder erklären kann oder will, aber auf Rechnungszahlung besteht, sollten Sie die Rechnung zunächst von einem Fachanwalt für Bau- und Architektenrecht prüfen lassen.

Nachfolgend finden Sie ein Beispiel einer Honorarschlussrechnung nach der HOAI 2009. Soweit noch Zusatzleistungen vereinbart waren, müssten diese noch zusätzlich abgerechnet werden. Soweit bereits Abschlagszahlungen gezahlt wurden, müssten diese abgezogen werden. Dies sollte der Architekt in seiner Schlussrechnung bereits selber tun und transparent und einfach nachvollziehbar darstellen.

10 Die Honorarrechnung

Bauvorhaben: Wohnhaus Musterstraße 7, 12345 Musterhausen

Bauherren: Eheleute Mustermann
Musterstraße 7
12345 Musterhausen   (Ort, Datum)

Honorarabrechnung der Leistungsphasen (LP) 1–8 nach HOAI 2009

---

1. Anrechenbare Kosten des Honorars nach § 6 HOAI

Kosten nach Kostenberechnung (DIN 276, Fassung Dezember 2008)	=	351.000,00 EUR
Abzüglich nicht anrechenbarer Kosten der nicht zum Gebäude gehörenden Kostengruppen nach DIN 276 (KG 100, 200, 500, 600, 700)	=	- 87.000,00 EUR
		264.000,00 EUR
Abzüglich nicht anrechenbarer MwSt. von 19 % nach § 4 HOAI	=	- 42.151,26 EUR
Anrechenbare Kosten für LP 1–8:	=	**221.848,74 EUR**

2. Berechnung des Honorars für LP 1–8 nach § 34 HOAI 2009:

2.1 Grundlagen:

Vereinbarte Honorarzone nach § 5 HOAI: III

Vereinbarter Honorarsatz nach § 7 HOAI: Mindestsatz

Abb. 66:
Honorar-Schlussrechnung

Der Bundesgerichtshofs (BGH) hat entschieden, dass Bauherrn verpflichtet sind, binnen zwei Monaten nach Erhalt einer Honorarschlussrechnung eines Architekten Einspruch gegen diese zu erheben, wenn Bauherrn die Rechnung als nicht prüffähig erachten. Der Bauherr muss dem Architekten dabei darlegen, warum die Rechnung nach seiner Auffassung nicht prüffähig ist, sodass der Architekt sie konkret überarbeiten kann. Tut der Bauherr dies nicht, wird nach Ablauf von zwei Monaten die Prüffähigkeit der Rechnung auch durch Gerichte nicht mehr in Zweifel gezogen. Sie muss dann in der vorliegenden Form geprüft werden.

Bauvorhaben: Wohnhaus Musterstraße 7, 12345 Musterhausen

Bauherren: Eheleute Mustermann
Musterstraße 7
12345 Musterhausen   (Ort, Datum)

Honorarabrechnung der Leistungsphasen (LP) 1–8 nach HOAI 2009

2.2 Interpolation nach § 13 HOAI und gemäß Honorartafel § 34 HOAI 2009:

Honorar für 250.000 EUR (anrechenbare Kosten): 29.018,00 EUR (nächster oberer Tafelwert HOAI / Honorarzone III Mindestsatz)

Honorar für 200.000 EUR (anrechenbare Kosten): 23.745,00 EUR (nächster unterer Tafelwert HOAI / Honorarzone III / Mindestsatz)

Differenz zwischen oberem und unterem Tafelwert: 5.273,00 EUR

Interpolationswert in dieser Stufe pro 50.000 EUR: 5.273,00 EUR

Differenz zwischen tatsächlich anrechenbaren Kosten und anrechenbaren Kosten des nächsten, unteren Tafelwerts: (221.848,74 EUR – 200.000,00 EUR): 21.848,74 EUR

Berechnung: (21.848,74 EUR / 50.000,00 EUR) x 5.273,00 EUR = 2.304,17 EUR

Honorar (100 %) bei anrechenbaren Kosten von 221.848,74 EUR:
23.745,00 EUR + 2.304,17 EUR = 26.049,17 EUR

2.3 Erbrachte Leistungen nach § 3 HOAI 2009:

Erbrachte Leistungen gemäß den Leistungsphasen der HOAI:

1. Grundlagenermittlung	3 %
2. Vorplanung	7 %
3. Entwurfsplanung	11 %
4. Genehmigungsplanung	6 %
5. Ausführungsplanung	25 %
6. Vorbereitung der Vergabe	10 %
7. Mitwirkung bei der Vergabe	4 %
8. Objektüberwachung	31 %
	97 %

Honorar Leistungsphasen (LP) 1–8 nach HOAI 2009:

97 % von 26.049,17	=	25.267,69 EUR
+ 19 % Mehrwertsteuer	=	4.800,86 EUR
Zu zahlender Betrag	=	**30.068,55 EUR**

Abb. 67:
Honorar-Schluss-
rechnung

Zum Schluss

Das Planen und Bauen eines individuellen Hauses oder das Umbauen desselben mit einem freien Architekten wird Sie viel Zeit und persönliches Engagement kosten.

Was auf den ersten Blick ein Nachteil zu sein scheint, kann natürlich auch ein Vorteil sein: So haben Sie beim Planen und Bauen oder Umbauen eines ganz individuellen Hauses natürlich viel mehr Möglichkeiten, Ihre ganz persönlichen Wünsche einzubringen und umzusetzen.

Wir hoffen, dass Ihnen das vorliegende Buch hierbei eine Orientierungshilfe sein konnte. Für Anregungen und Kritiken sind wir jederzeit offen.

Stichwortverzeichnis

Abnahme 151
Abnahmeformen 151
Abnahmeprotokoll 152
Abschlagszahlungen 144
Absicherung der Baustelle 112
Absteckungsprotokoll 25
AGB-Privileg 97
Aktennotizen 122
Anbauten 101
Anlagen 93
Anrechenbare Kosten 36
Antrag auf Vorbescheid 78
Anträge 75
Anwalt 43
Anwendungsersatz 158
Anzahl von Stellplätzen 17
Arbeitsschutz auf der Baustelle 113
Arbeitszeiten und Ruhezeiten 116
Architekt 20
Architektensuche 20
Architektenvertrag 28
Arglist 160
Aufgaben des Bauleiters 108
Aufmaß 104, 110
Auftragsvergabe 96
Aufwendungsersatz 158
Ausbauten 101
Ausführungsplanung 33, 34, 82
Ausschreibungsunterlagen 87
Außenanlagen 141
Auswahl von Handwerksunterlagen 94

Barrierefreie Planung 47
Bauablauf 128
Baubeginnanzeige 75
Baubeschreibung 48, 58
Baueingabe 78, 107
Baugenehmigung 46
Baugesetzbuch (BauGB) 19
Baugesuchplan 33
Baugrenzen 17
Baugrunduntersuchung 26
Bauherren-Haftpflichtversicherung 120
Baulasten 18
Bauleistungsversicherung 120
Baulinien 17
Baumbestand 18
Bauphase 108
Baustelleneinrichtung 129
Baustellenordnung 117
Baustoffe 48
Baustromanschluss 75
Bautagebuch 123
Bauüberwachungsfehler 44
Bauwasseranschluss 75
Bauzeitenplan 76
Bebaubarkeit des Grundstücks 13
Bebauungsplan 14
Bedeutung der Abnahme 151
Berufshaftpflichtversicherung 42
Besondere Leistungen 29
Besondere Vertragsbedingungen 90
Bewerbungsbedingungen 90
BGB 96
Bietererklärung 90
Blechnerarbeiten 132

Checkliste Ausführungspläne 84
Checkliste Baubeschreibung 58
Checkliste Grundstückssuche 12
Checkliste Mängelrüge 144
Checkliste: Rechtmäßigkeit einer Abschlagsrechnung 145

Dachdeckungsarbeiten 132
Dachform 16
Dachneigung (DN) 16

Stichwortverzeichnis

Dachstuhl 131
Deckblatt für Abschlagsrechnung 147
Deckblatt 89
DIN 276 „Kosten im Hochbau" 64
DIN 277 „Grundflächen und Rauminhalte von Bauwerken im Hochbau" 64
Dokumentation 36
Drainagearbeiten 130
Durchführung der Abnahme 152

Eignungsprüfung 110
Einheitsarchitektenvertrag 40
Einheitspreisvertrag 98
Elektroinstallation (Rohmontage) 135
Elektroplanung 57
Elektrotechnik 55
Energieeinsparverordnung (EnEV) 50
Entwurfsplanung 31
Entwurfsskizze 31
Erfolgshonorar 42
Ersatzvornahme 158
Erweiterungsbauten 101
Estricharbeiten 138

Fachingenieure 20
Fällen geschützter Bäume 75
Fassadenarbeiten 138
Fenster 133
Fertigstellung 151
Feuerrohbauversicherung 120
Firsthöhe (FH) 16
Firstrichtung 16
Fliesenarbeiten 139
Fotodokumentation 123
Freistellungsbescheinigung 155

Gebäudereinigung 141
Gebäudeuntersuchung 102
Gebrauchsabnahme 76
Gefahrenstoffe 116

Gefahrenstoff-Informationssystem CODE (GISCODE) 117
Gefahrenstoffverordnung (GefStoffV) 117
Genehmigungsplanung 32
Geologe 26
Geschossflächenzahl (GFZ) 15
Gewährleistung 157
Gewährleistungsansprüche 161
Gewährleistungszeit 157, 158
Gewässerschaden-Haftpflicht 121
Gipserarbeiten 136
Grobabsteckung und Erdarbeiten 129
Grundflächenzahl (GRZ) 14
Grundlagenermittlung 29, 46
Grundleistungen 29
Grundreinigung 141
Grundstück 9
Grundstücksuche 9
Gründung 129
Grundwasserhaltung 129

Haftung des Architekten 44
Hauptbaustoffe 50
Haustechnik 52
Haustechnikingenieur 25
Haustüre 140
Hauszugang 141
Heizsystem 54
Heizungs- und Sanitärinstallation (Rohmontage) 134
Heizungs- und Sanitärtechnik 53
Herrichten 128
Hilfsmittelsicherheit 116
HOAI 28
Höchstsätze 37
Honorarermittlung 36, 38
Honorarordnung für Architekten und Ingenieure (HOAI) 28
Honorarrechnungen 163
Honorar-Schlussrechnungen 164, 166
Honorartafel 37

Stichwortverzeichnis

Honorar-Teilrechnungen 163
Honorarzone 36, 37

Inanspruchnahme der Genehmigungsfreistellung 79
Innenarchitekt 27
Instandhaltungen 101
Instandsetzungen 101

Jour Fixe 123

Keller 49
Klempnerarbeiten 132
Koordinierung von Sicherungsmaßnahmen 109
Kostenabweichungen 149
Kostenanschlag 71
Kostenberechnung 69, 71
Kostenermittlung 64, 105
Kostenfeststellung 71
Kostengruppe 300 69
Kostengruppe 400 70
Kostenkontrolle 64
Kostenrahmen 41
Kostenschätzung 68
Kostensteuerung 146
Kündigung eines Architektenvertrags 43

Leerrohre 57
Leistungsphasen 28
Leistungsverzeichnisse 34, 91
Lüftungsinstallation 134

Malerarbeiten 141
Mängel 142
Mangelbeseitigung nach der Abnahme 158
Mängelrüge 143
Maschinensicherheit 115
Mindestsätze 37
Mitverarbeitete Bausubstanz 39
Mitwirkung bei der Vergabe 35
Modernisierung 101

Musterbrief Neubauvorhaben 21
Musterbrief Umbauvorhaben 22

Nacherfüllung 158
Nebenkosten 37
Notruf-Informationen 114
Notrufplan 114

Objektbetreuung 36
Objektüberwachung 35
Ordnerstruktur 121

Parkettarbeiten 141
Pauschalpreisvertrag 98
Planprüfung 109
Planungsfehler 44
Positionsplan 24
Projektzeitenterminplan 76
Prüfung Angebote 95
Pufferzeiten 73
Putzerarbeiten 136

Randstreifen 138
Raumbedarf 46
Raumbildende Ausbauten 101
Rechnungsprüfung 110, 144
Regenentwässerung 17
Restfeuchtemessung 139
Rohbauabnahme 76
Rohbauarbeiten 130
Rollladenarbeiten 137
Rücktritt vom Vertrag 158

Salvatorische Klausel 42
Sanitäreinrichtungen 116
Schadenersatzanspruch 158
Schlosserarbeiten 136
Schlussabnahme 76
Schlussrechnung 151, 154
Schnürgerüst 129
Schreiner 140
Schutzausrüstung 115
Selbstvornahme 158

Stichwortverzeichnis

Sicherheits- und Gesundheitsschutz 112
Sicherheitseinbehalt 146
Sicherheitseinrichtungen 115
Sperrung öffentlicher Verkehrsflächen 75
Staatlich anerkannter Sachverständiger für Schall- und Wärmeschutz 26
Standardleistungsbuch 87
Statiker 24
Stromsicherheit 115

Technische Regeln für Gefahrenstoffe (TRGS) 117
Teppicharbeiten 141
Terminplanung 73, 106
Terminverzögerungen 74
Traufhöhe (TH) 16
Trittschalldämmung 138
Trockenzeit 139
Türen 133

Übersicht Abschlagszahlungen 150
Übersicht Rechnungen 148
Umbauten 101
Umbauzuschlag 39
Umweltingenieur 27
Unfallversicherung 119
Unterlagen zum Bauantrag 80
Unvorhergesehenes 72
U-Wert 51

Verbundene Wohngebäudeversicherung 120
Vereinfachte Genehmigungsverfahren 79
Vergleichsangebote 95
Vergütungsminderung 158
Vermessungsingenieur 25
Versicherung von privaten Helfern 120
Versicherungen 119
Vertragsgestaltung 39
VOB 96
Vorbereitung der Vergabe 34
Vorplanung 30
Vorplanungsskizze 30

Wärmeabgabeflächen 55
Wärmedurchgangswiderstände 51
Wärmedurchlasswiderstand 51
Wärmeleitfähigkeit 51
Wärmeübergangskoeffizienten 51
Werkplanung 83
Werkvertragsrecht 40

Zahl der Vollgeschosse 15
Zimmer- und Holzbauarbeiten 131
Zusätzliche technische Vertragsbedingungen 90
Zusätzliche Vertragsbedingungen 90

Anhang

Adressen/Allgemeines

Adressen von **Architekten** oder **Fachingenieuren** finden Sie im Branchenfernsprechbuch Ihres Landkreises oder Ihrer Kommune oder unter
www.gelbeseiten.de

Bautechnik/Bauqualität/Baukontrolle

Die **Stiftung Warentest** testet immer wieder Bauprodukte, wie z. B. Heizungsbrenner und anderes.
www.test.de

Der **Bauherren-Schutzbund** bietet eine Baubegleitung für Bauherren an.
www.bsb-ev.de

Das **Informationszentrum Raum und Bau** bietet zahlreiche Fachinformationen an, sowohl als Buchform, wie auch in Form von Online-Datenbanken.
www.irbdirekt.de

Das **Institut Bauen und Wohnen** informiert und berät private Bauherren zu allen Belangen des Planens und Bauens.
www.institut-bauen-und-wohnen.de

Baufinanzierung

Günstige Kredite erhält man unter bestimmten Voraussetzungen bei den einzelnen Länderbanken der Bundesländer und bei der KfW-Förderbank in Frankfurt. Informationen hierzu können Sie im einzelnen abrufen bei:

Baden-Württemberg
L-Bank
www.l-bank.de

Bayern
Bayerische Landesbodenkreditanstalt
www.labo-bayern.de
Außerdem bei den Landratsämtern und Kreisfreien Städten
www.wohnen.bayern.de

Berlin
Investitionsbank Berlin
www.ibb.de

Brandenburg
Investitionsbank des Landes Brandenburg
www.ilb.de

Bremen
Bremer Aufbau-Bank
www.bab-bremen.de
www.bauumwelt.bremen.de

Hamburg
Hamburgische Wohnungsbaukreditanstalt
www.wk-hamburg.de

Hessen
Landestreuhandstelle Hessen
www.wibank.de

Mecklenburg-Vorpommern
Landesförderinstitut Mecklenburg-Vorpommern
www.lfi-mv.de

Niedersachsen
Niedersächsische Landestreuhandstelle
www.nbank.de

Nordrhein-Westfalen
NRW.Bank
www.nrwbank.de

Rheinland-Pfalz
Landestreuhandstelle Rheinland-Pfalz
www.lth-rlp.de

Saarland
Landesbank Saar
www.sikb.de

Sachsen
Sächsische Aufbaubank
www.sab.sachsen.de

Sachsen-Anhalt
Investitionsbank Sachsen-Anhalt
www.ib-sachsen-anhalt.de

Schleswig-Holstein
Investitionsbank Schleswig-Holstein
www.ib-sh.de

Thüringen
Thüringer Aufbaubank
www.aufbaubank.de

Bundesgebiet zusätzlich:
KfW-Förderbank
www.kfw.de

Bei **Finanztest** erhalten Sie unabhängige Testergebnisse der verschiedensten Finanzierungsanbieter und deren Konditionen.
www.test.de

Die **Verbraucherzentralen** haben eine Internetseite rund um das Thema Baufinanzierung eingerichtet.
www.baufoerderer.de

Einen umfassenden **Vergleich über das aktuelle Marktangebot** von Baufinanzierungen ist unter *www.baugeldvergleich.de* zu finden.

Baurecht
Auch im Falle von Rechtsfragen beim Bauen kann Ihnen der Bauherren-Schutzbund weiterhelfen, der auch in diesem Bereich Beratung bietet.
www.bsb-ev.de

Bauversicherungen/Bausicherheit
Die Bau-Berufsgenossenschaften sind die Pflichtversicherungseinrichtungen für das Baugewerbe und alle Selbstbauer und Bauhelfer. Neben den gesetzlich vorgeschriebenen Versicherungen erhalten Sie hier auch zahlreiche Informationen rund um die Bausicherheit.
www.bgbau.de